「屋根」より高い鯉のぼり

―父ちゃんは、兵士として戦場へ―

田 文 男

日本機関紙出版センター

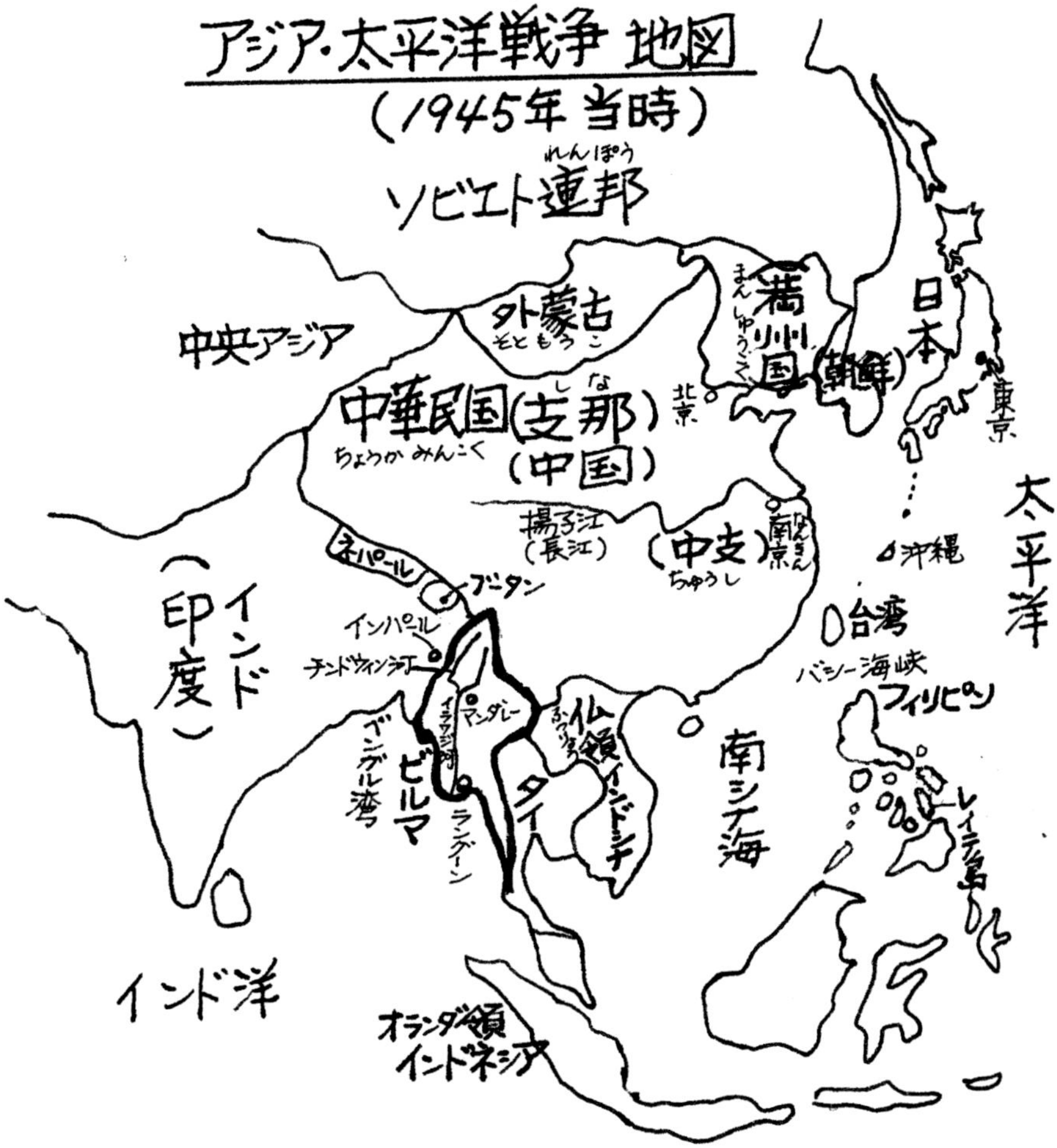
アジア・太平洋戦争 地図
（1945年当時）
ソビエト連邦《れんぽう》
中央アジア
外蒙古
そともうこ
満州国
まんしゅうこく
朝鮮
日本
東京
北京
中華民国(支那)
ちょうか みんこく
(中国)
揚子江
(長江)
(中支)
ちゅうし
南京
沖縄
太平洋
台湾
バシー海峡
フィリピン
レイテ島
南シナ海
仏領インドシナ
タイ
ネパール
ブータン
インパール
チンドウィン河
マンダレー
イラワジ河
ビルマ
ラングーン
ベンガル湾
(インド
印度)
インド洋
オランダ領
インドネシア

子どもたち、お父さんお母さんへ

本書は、戦後間もない頃、明るく正義感《せいぎかん》に満ちた文吉という少年（小五）が、家庭が貧しいため、苦労をしながら、家族のために、奮闘《ふんとう》する物語です。殊《こと》に、物語の中心の課題は、父が「戦争」に出征《しゅっせい》し、家庭で「鯉のぼり」が買えない中で、平吉（弟）のために小さい手製の「鯉のぼり」を作り、家の庭に、竹竿《たけざお》にくりつけて、高く、「泳がせる」という趣向《しゅこう》です。しかし、「鯉のぼり」は、弟のためだけではなく、まだ帰還《きかん》しない父も含めた六人の家族の「幸せ」のために、なんと六匹の「鯉のぼり」を作った物語です。

このような「家族」みんなのために、手製の「鯉のぼり」をつくる過程《かてい》で、文吉は、悪戦苦闘《あくせんくとう》しつつ、いろんなことを学びます。とりわけ、未《いま》だ、帰還しない父の安否《あんぴ》を気遣《きづか》う中で、内実《ないじつ》は、「人殺し」をする「戦争の本質《ほんしつ》」を考えながら、逆に

「平和の尊さ」や「命の大切さ」などのことを学びます。そして人間の社会で「平和」の実現ほど「大切な生きがい」はないと確信《かくしん》していきます。

私は、この物語を最後まで読んで、大きな感動と教訓を感じ取りました。そこで、本書『「屋根」より高い鯉のぼり』の物語を、小中学生の若いみなさん方に、心から、また確信をもって、推奨《すいしょう》いたします。

上田 勝美
龍谷大学名誉教授
憲法9条京都の会代表世話人

—目次《もくじ》—　「屋根」より高い鯉のぼり

一　家族《かぞく》と親友《しんゆう》との絆《きずな》

昭和二十年（一九四五年）八月十五日、日本は、アメリカやイギリスそして中国などとの戦争《せんそう》に敗《やぶ》れて終戦《しゅうせん》となりました。その時から、二年ぐらい経《た》った頃《ころ》のことです。

京都府《きょうとふ》の北の方に、酒呑童子《しゅてんどうじ》の鬼伝説《おにでんせつ》が残る大江山《おおえやま》が、なだらかな山並《やまな》みを広げています。その南側の麓《ふもと》に、北と東西の三方《さんぽう》を、深い山々にかこまれた小さな村がぽつんとありました。

村人の多くは、米作《こめづく》りを中心とする農業《のうぎょう》と養蚕業《ようさんぎょう》（生糸《きいと》の原料《げんりょう》となるカイコを養《やしな》う仕事）や林業《りんぎょう》で暮《く》らしをたてています。村人の心の中には、今もなお戦争の傷《きず》あとが深く残っていました。しかし、村人を取《と》りまく豊《ゆた》かな自然《しぜん》と深《ふか》い人間のむすびつきが、その傷を少しずつですがいやしていました。

村の春は、雪解《ゆきど》けとともに山里《やまざと》にフキノトウが芽《め》を出し、ついでワラビやゼンマイなどの山菜《さんさい》がにょきにょきっと伸《の》びてきます。周囲の山やまには新緑《しんりょく》の木々《きぎ》が輝《かがや》きはじめ、その中にヤマザクラ、コブシ、ツツジなど色とりどりの花ばなが自慢《じまん》げに咲《さ》き誇《ほこ》ります。同時に、ウグイスなどの野鳥《やちょう》たちのさえずりも競《きそ》うように大きくなってきます。そうした中、村人たちの黒牛《くろうし》を引いての田起《たお》こしの作業がはじまり、田植《たうえ》の準備《じゅんび》がされていきます。田植《たうえ》のあとでは、カエルたちの「ゲッゲッ」・「グワワ」という大合唱《だいがっしょう》が村中《むらじゅう》に響《ひび》きわたります。

夏は、セミたちのにぎやかな鳴《な》き声が聞こえます。昼の炎天下《えんてんか》、田んぼの中では、村人たちが伸びた雑草《ざっそう》を引きぬく作業に汗《あせ》を流します。川の中からは、子どもたちの魚とりや水遊びの歓声《かんせい》が響きわたります。夜は、その川べりに、ホタルの群《むれ》が小さな輝《かがや》きを点滅《てんめつ》させせながら乱舞《らんぶ》するのです。やがて夕暮《ゆうぐ》れ時《どき》、ヒグラシゼミとカジカガエルのものさびしい鳴《な》き声が響き渡《わた》ってくると、秋はすぐそこに来ています。そのうちに、コオロギとスズムシとの静かな二重合唱《がっしょう》が、草むらからやさしく聞こえてきます。

そして秋、山里《やまざと》の家々《いえいえ》のまわりには、クリやカキなどが枝をたわわにして実《みの》ります。赤トンボが飛《と》びかうころには、鎌《かま》を持っての稲刈《いねか》りがはじまります。そのために、農繁期《のうはんき》にはすべての学校が臨時休校《りんじきゅうこう》となり、近所の人たちの協力《きょうりょく》を得《え》て家族総出《かぞくそうで》で働《はたら》きます。あちらこちらに、刈《か》り取った稲を架《か》けるための稲木《いなき》が立つ風景《ふうけい》は、晩秋《ばんしゅう》を思わせる独特《どくとく》の趣《おもむき》があります。やがて、村を取りかこむ山々《やまやま》の木々《きぎ》は、その鮮《あざ》やかな紅葉《こうよう》から茶褐色《ちゃかっしょく》となって散《ち》っていきます。冬の訪《おとず》れは、すぐそこにやってきているのです。

冬、大江山連峰《れんぽう》から吹《ふ》き降《お》りる冷たい北風は、たくさんの雪を運《はこ》びこみ、やがて一メートル以上の積雪《せきせつ》となって村を埋《う》めつくしていきます。朝から雪の降り積《つ》もった南天《なんてん》の枝《えだ》では、メジロやヒヨドリの野鳥たちが、さかんに赤い実《み》をついばみます。夜には、フクロウの「ホウ、ホウー」というもの悲しい鳴《な》き声が、雪で音の消えた闇《やみ》に広がっていきます。

このように、わずか五十戸《こ》余《あま》りの小さな村でしたが、村を取りまく自然《しぜん》の世界では、さまざまな動物や植物などのあふれるばかりの命《いのち》の営《いとな》みがありました。そしてまた、自然が創《つく》り出す美しい四季《しき》の変化もありました。

そんな村に、二人の兄弟が、母親の里枝《さとえ》と祖父《そふ》の龍蔵《たつぞう》そして祖母《そぼ》のフサといっしょに、つつましく暮《く》らしていました。

彼らの父親である哲蔵《てつぞう》は、五年前、兵士としてビルマ（現在のミャンマー）という遠い南の国の戦地《せんち》へ行ったままです。すでに戦争が終わったというのに、まだ家族のもとへは還《かえ》っていませんでした。戦死《せんし》したのか、それとも生きているのかもまったくわからなかったのです。

兄の文吉《ぶんきち》は、小学五年生です。勉強は少し苦手《にがて》でしたが、貧《まず》しい家の子どもながら骨太《ほねぶと》の体格《たいかく》で、いかにも気の強さを表す顔をしています。そして、走りが得意のうえ、相撲《すもう》をとっても上級生にも負けない力自慢《じまん》の元気な少年でした。そんな文吉ですが、家族思い、友だち思いの優《やさ》しさを持っていました。

弟の平吉《へいきち》は五歳《さい》で、まだ幼《おさな》さがぬけきれませんが、兄と同じように元気な少年でした。来年は小学校へ入学です。平吉は、兄の文吉といっしょに学校へ行って学べることが嬉《うれ》しくてたまりません。可愛い丸顔をほころばせて、いまかいまかと入学を楽しみにしている毎日です。

文吉と同じ村に住んでいる同級生の三郎《さぶろう》は、文吉にとって一番の親友《しんゆう》です。学校での成績はよく、級長《きゅうちょう》（学級の代表）に指名《しめい》されています。ただ文吉とちがって、体力は強くはありませんでした。そして、普段《ふだん》は明るい性格《せいかく》なのですが、時々《ときどき》、その細面《ほそおもて》の顔をさびしそうに見せる時がありました。

三郎は、父親の政吉《まさきち》を戦争《せんそう》で亡《な》くしていました。そのことが、三郎の幼い心に重くのしかかっていたのです。父親は、南方《なんぽう》にあるフィリピン・レイテ島の戦場で、アメリカ軍との激《はげ》しい戦闘《せんとう》によって戦死したのです。それは、三郎が国民学校《こくみんがっこう》（現在の小学校）二年生の時でした。

文吉は、三年前のその葬儀《そうぎ》に参列《さんれつ》しました。その日は、粉雪《こなゆき》がちらちらと舞《ま》うとても寒い日でした。村中《むらじゅう》の人たちが集まった中に、知らない軍人《ぐんじん》がいたのを彼は記憶《きおく》していました。お坊《ぼう》さんの読経《どきょう》がおわり、突然《とつぜん》、「ジャーン・ジャラジャラジャーン」と大きなドラが打ち鳴《な》らされ、三郎の家族やその親戚《しんせき》の人たちが墓場《はかば》（墓地《ぼち》）へと行列《ぎょうれつ》をつくって出発していきました。

三郎は、うす茶色の麻《あさ》の着物を着て、頭には三角の形をした白い紙かざりをつけ、腰《こし》をわら縄《なわ》で結んでいました。さらに、素足《すあし》にわら草履《ぞうり》をはくというこの地方独特《どくとく》の葬儀《そうぎ》姿《すがた》でした。それは、文吉から見ると、とても奇妙《きみょう》で不思議《ふしぎ》な格好《かっこう》をしていました。三郎の顔は青白《あおじろ》く、粉雪《こなゆき》が舞《ま》い散《ち》る寒さの中で、深《ふか》い悲しみをただよわせていました。

文吉は、そんな三郎を見て、いつもの明るい表情《ひょうじょう》の親友《しんゆう》ではないことに自分もまた悲しくなってきました。三郎は、とてもさびしそうな顔をして、母親の君江《きみえ》の後《うし》ろをとぼとぼと下を向いて歩いていたからです。

「さぶちゃん」

そんな三郎の、さびしさに耐《た》えられないといった姿を見た文吉は、行列が進んで行く道の途中《とちゅう》で、三郎に近よりそっと声をかけていました。そして、寒さのため冷《つめ》たくなっていた三郎の手をとり、両手でやさしく握《にぎ》ってやりました。文吉は、自分がなぜそのような行動を取ったのかわかりませんでした。自然とそのように体が動いていたのです。

「文《ぶん》ちゃん……」

文吉の声かけと、彼の温《あたた》かい手で握《にぎ》られたことに気がついた三郎が、文吉の方を振《ふ》り向いていて小さくうなずきました。そして、はじめてにっこりと笑顔《えがお》を見せました。三郎のその顔を見て、文吉はホッと安心しました。

二人の様子《ようす》に気がついた三郎の母君江《きみえ》が、文吉に、ありがとうといった表情を見せて小さく会釈《えしゃく》しました。でも文吉には、その時の君江おばさんが、いつもはおしゃべりで明るい人なのに、まるで絵本に出てくる幽霊《ゆうれい》のように見えたのでした。

『父親やおむこさんが死んでしまうちゅうんは（死んでしまうということは）、ほんまに悲しいことなんじゃなあ』

文吉は、そんな二人の姿を見て、子どもながらに「戦死《せんし》」という言葉を心から憎《にく》みました。そして、自分の父も「戦死」しているのではないかと不安な気持ちになってきました。父が「戦死」していたら、自分も三郎のような悲しい思いをしなければならないのだと思ったからです。冬の寒さが、その思いを一層《いっそう》強くしていたのです。

文吉は、「さぶちゃん」と一声《ひとこえ》かけたあとは、その場《ば》から葬儀《そうぎ》の行列を見送ることにしました。とても悲しくて、村はずれの墓場《はかば》までついて行く気持ちにはなれなかったからです。

行列が墓場《はかば》へと進んで行く中、たくさんの長い竹の棒《ぼう》に結《むす》ばれた細長く白い紙が、強い北風に吹《ふ》かれてひらひらとなびいていました。行列は、東山《ひがしやま》の麓にある墓場にむかってゆっくりと進んで行きます。やがて、三郎の小さな姿が分《わ》からなくなるほど遠くへ行ってしまいました。粉雪《こなゆき》が、杉林《すぎばやし》の山の峰々《みねみね》を白く染《そ》めあげていました。そのさびしい風景《ふうけい》は、文吉にとって忘れられない悲しみとして今も残っていました。

戦死した三郎の父政吉《まさきち》は、いつも文吉の姿を見ると「文《ぶん》ちゃん、あいかわらず元気じゃのう」などと、気さくに声をかけてくれる優《やさ》しいおじさんでした。文吉は、そんなおじさんが南方《なんぽう》の島で戦死してしまい、もうその声が聞けないことが信じられなかったのです。三郎のさびしそうな顔とともに、それはとても悲しいことでした。

「戦争はいやじゃなあ」

小さくなっていく行列をじっと見つめながら、文吉はぽつりとつぶやいていました。

もうすぐ、五月五日の端午《たんご》の節句《せっく》をむかえるある日のことでした。太陽が、紅《くれない》色に山の峰々《みねみね》を鮮《あざ》やかに染《そ》めながら、西の山に沈《しず》んでいく夕暮《ゆうぐ》れ時《どき》です。弟の平吉《へいきち》が、遊びに行っていた友達《ともだち》の家からしょんぼりとして帰ってきました。

「平吉、どうしたんじゃ」

それを見た兄の文吉が、心配そうに尋《たず》ねました。

「……」

平吉は、下を向いて黙《だま》ったままでした。

「黙《だま》っとたら、ちっとも（少しも）わからんじゃろうが」

文吉は、平吉を自分の胸《むね》にそっと抱《だ》きしめ、その頭をやさしくなでながらその理由を聞いてやりました。

「兄《にい》ちゃん」

「何《なん》じゃ、平吉」

「太吉《たきち》ちゃんとこや、次郎《じろう》ちゃんとこには、でっかい（大きい）でっかい鯉《こい》のぼりが屋根の上より高いとこにあがっとるのに、何でぼくとこは鯉《こい》のぼりがないんじゃ」

「……」

涙声《なみだごえ》でたずねる弟の顔を見て、文吉はどのように答えてやればいいのか返事にとまどってしまいました。

「うーん、そうじゃなあ……」

弟の問いかけにどのように答えればいいのか、文吉にはいくら考えてもよい言葉《ことば》が浮《う》かんできませんでした。自分の心の中では、父親がいたとしても、わが家《や》がそんな値段《ねだん》の高い鯉のぼりなど買えるはずがないことがわかっていたからです。

文吉たちの祖父《そふ》である龍蔵《たつぞう》は、貧《まず》しい小作農《こさくのう》（自分の土地を持《も》たず、地主《じぬし》に土地を借《か》りて年貢《ねんぐ》を支払《しはら》う農民）の三男《さんなん》として生まれました。家が貧しいため学校へは行かせてもらえませんでした。家の手伝いが何よりも大事《だいじ》で、子どもであっても貴重《きちょう》な働《はたら》き手《て》として、朝早くから夜遅《おそ》くまで一生懸命《いっしょうけんめい》に働きました。龍蔵が育った明治時代は、それがあたりまえだったのです。

しかし十代後半のある時、龍蔵《たつぞう》は字が読めなかったことで、とても辛《つら》い思いをし、そのことがずっと忘《わす》れられませんでした。

「字をおぼえるんじゃ」

祖父の龍蔵は、その時から昼の仕事《しごと》に疲《つか》れていても、寝《ね》る前には、かならず文字の練習をロ一ソクのうす明《あ》かりの下《もと》で熱心に続けました。その努力《どりょく》のかいもあって、龍蔵は文字の読み書きができるようになったのです。

だから、龍蔵《たつぞう》は長男であった息子《むすこ》の哲蔵《てつぞう》には、自分と同じような辛《つら》い人生はさせたくないという気持ちが強かったのです。そこで、人よりも懸命《けんめい》に働いて、哲蔵を中学校(旧制中学校《きゅうせい》、現在の高等学校)まで通《かよ》わせました。たとえ貧しくても、教育の大切さということを、龍蔵とフサは自らの人生体験《たいけん》の中で理解《りかい》していたのです。

哲蔵は、自分の両親が貧しい生活の中でも、自分を遠くの中学校にまで進学させてくれた親心《おやごころ》に応《こた》えようとしました。そのため、彼は下宿先《げしゅくさき》を朝早く出て、牛乳配達《はいたつ》をしながら勉学に励《はげ》んだのです。

哲蔵は中学卒業後《ご》、貧《まず》しい農民のための農業政策《せいさく》と農業技術《ぎじゅつ》を学ぶために、京都の農業専門《せんもん》学校への進学を希望していました。しかし、勉学のための費用《ひよう》を考えた時、とうてい無理だと諦《あきら》めざるをえませんでした。

結局《けっきょく》、哲蔵は長男として家を守ること、そして将来《しょうらい》は地域《ちいき》の農業政策を担当《たんとう》しようという志《こころざし》を持って、町役場《まちやくば》に務《つと》めることにしたのです。町役場までは自転車で片道《かたみち》一時間半という遠い道のりでしたが、哲蔵は中古《ちゅうこ》の自転車を買って早朝に自宅から出勤《しゅっきん》していきました。

それから数年後、哲蔵《てつぞう》は幼馴染《おさななじみ》の里枝《さとえ》と結婚《けっこん》し、文吉《ぶんきち》・平吉《へいきち》という二人の男の子の父親になります。しかし、家族のささやかであった幸せは、戦争という大きな荒波《あらなみ》によって変化していきました。

哲蔵は、まず昭和十二年（一九三七年）七月七日、中国との戦いである支那事変《しなじへん》（日中戦争のこと。当時の日本は中国を支那《しな》と呼《よ》んでいた）の開始《かいし》によって、兵士として中支《ちゅうし》（中国の中部地域に対する名称《めいしょう》）へ出征《しゅっせい》（兵士として戦地へいく）して行きました。それでも、二年間の辛《つら》く危険な任期《にんき》を終《お》えて、無事《ぶじ》に生きて還《かえ》ることができました。

しかし、昭和十六年（一九四一年）十二月八日、日本は中国のみならずアメリカ・イギリスなどとのアジア・太平洋戦争を開始します。その戦況《せんきょう》の悪化《あっか》によって、哲蔵は二度目の出征《しゅっせい》をすることになりました。それは、平吉が誕生《たんじょう》した直後《ちょくご》のことでした。

一家の生活は、哲蔵が町役場の職員《しょくいん》になったことで、少し楽《らく》になっていたのは確《たし》かです。しかし、哲蔵が二度も出征し、一家の大黒柱《だいこくばしら》（中心となる人）である働き手を失ったことから、一家の生活はどんどん厳《きび》しくなっていきました。

戦後、農地《のうち》の改革事業《かいかくじぎょう》が進んでいましたが、かつて小作農《こさくのう》であった一家の生活は、一向《いっこう》によくなりませんでした。

文吉は、わが家《や》が鯉《こい》のぼりが買えない理由として、家の貧《まず》しさにあるのだと説明しても、幼《おさな》い弟にはわからないだろうと考えました。それでも、何か言ってやらないと弟の気持ちを納得《なっとく》させられません。

「……うーん。そうじゃなあ。うーん」

「なに」

「そうじゃ平吉《へいきち》、父《とう》ちゃんがもどってきたら必ず買《こ》うてくれるで、それまでしんぼうせいや」

返事に困《こま》った文吉は、父の哲蔵が兵士として戦争に行ってしまったから、鯉《こい》のぼり買えないことを理由にして説明《せつめい》したのです。しかし、自分の言ったその言葉にはまったく自信《じしん》はありませんでした。

「ほんまか（本当か）」

身《み》を乗《の》り出しながら、平吉がにっこりとしてうなずきました。

父の哲蔵が、二度目の召集令状《しょうしゅうれいじょう》（国が出す戦争にいくための命令書《めいれいしょ》。「赤紙《あかがみ》」とも呼ばれる）によって出征《しゅっせい》して行ったのは、平吉が生まれた直後だったので、彼は父親の顔もそして声も知りませんでした。その日から、すでに五年の歳月《さいげつ》が流れていました。文吉にとっても、それは長い長い年月でした。

「……。うん、ほんまじゃ。そうじゃから、もうちょっとの間《ま》しんぼうしょうや」

「ほうか（そうか）、ほうじゃなあ、父《とう》ちゃんがおったら鯉《こい》のぼりを買えるんじゃなあ」

「そうじゃ」

「……」

「ほんでも兄《にい》ちゃん、父《とう》ちゃんはいつ還《かえ》ってくるんじゃ」

「なあ、いつじゃ」

文吉は、弟の父《ちち》を思う質問に、またしてもすぐに答えられませんでした。

「そうじゃなあ……それは」

「それは、いつじゃ」

「そ、そんなこと、兄《にい》ちゃんかってわからんわい」

「……」

少しぶっきらぼうに答える兄《あに》の強い言葉に、平吉はびっくりしました。

「そじゃから、いつか父《とう》ちゃんはもどってくるさかいに、しんぼ（がまん）して待とうや。のう平吉」

文吉は、不安そうに自分を見つめる弟を、少しでも安心させようとやさしく言ってやりました。

「そじゃなあ、兄《にい》ちゃん……うん、ぼくわかったわ」

文吉の「もどってくる」という声に、平吉はようやく納得《なっとく》したようです。その顔を見て、文吉はほっと胸《むね》をなでおろしました。しかし、やはり弟のうれしそうな顔をみていると、文吉は自分の言った言葉をとても深く後悔《こうかい》していました。

『あぁー、でたらめなことを言《ゆ》うて平吉を喜ばしてしもた（しまった）。どうしょうかなあ……』

文吉は、そのことが実現《じつげん》することは難《むずか》しいと知っているのに、ついでまかせを言ってしまったことで、頭の中がくらくらしてきたからです。

『ああ、あー、平吉にあほなことを言《ゆ》うてしもた。わしは、どうしょうもないあほじゃなあ……』

文吉の胸《むね》は、自分の言ったことを悔《く》やんで、どくどくと張《は》り裂《さ》けそうになってきました。五月晴《さつきば》れの中で、頬《ほお》を気持ちよくなでていく風を受けているというのに、文吉の心は暗《くら》くなっていました。

二　父《とう》ちゃんは、兵士として戦場《せんじょう》へ

　それは、昨年の、雪が降《ふ》る夜のことでした。文吉は、寒さのためか夜中《よなか》に小便《しょうべん》が急《きゅう》にしたくなり、母屋《おもや》の外にある便所《べんじょ》へ行こうと布団《ふとん》から起《お》き上《あ》がりました。眼《め》をこすりながら部屋を出て、居間《いま》の横を通り過ぎようとした時です。薄暗《うすぐら》い裸電球《はだかでんきゅう》の灯《とも》る居間《いま》で、母と祖父母《そふぼ》が父の話をしている内容に、文吉は思わず立ち止まってしまいました。その話を耳にした時、文吉は便所に行くことさえ忘れて聴《き》きいってしまったのです。それは、文吉にとって予想《よそう》もしなかった内容だったからです。

「わしは今日、哲蔵《てつぞう》とおんなじ（同じ）部隊《ぶたい》におった隣《とな》り村の与吉《よきち》に会《あ》いに行ってきたんじゃ。あいつは、東南《とうなん》アジアのどこかの捕虜収容所《ほりょしゅうようじょ》から、ついせんだって（先日）もどってきたということを聞いたもんでな。そんで（それゆえに）、そこで分《わ》かった話を、おまえたちにどうしても伝えておきたいんじゃ。大事なことじゃからよう聞いとってくれ」

「……」

「ただし、文吉と平吉には、心配《しんぱい》かけたらあかんで、まんだ（まだ）内緒《ないしょ》にしとってくれ」

「わかりました。お父さん」

母の里枝《さとえ》も、子どもたちには父親は必ず還《かえ》ってくると言い聞かせていたこともあり、すぐにうなずいて返事をしました。

家の外で、急に強い風の音がしてきました。

祖父の龍吉《たつきち》は、ふーと大きく息をついで、それからゆっくりと語《かた》り始めました。

「ほんでのう（それでなあ）、わしは息子《むすこ》の哲蔵《てつぞう》のことを聴《き》いてみたんじゃ。与吉《よきち》は、哲蔵と小学校の同級生じゃったし、部隊《ぶたい》もいっしょじゃったからなあ」

「そうじゃったねえ」

母の里枝が、身《み》を乗《の》り出すようにしながら応《こた》えました。彼女は、一日たりとも夫《おっと》である哲蔵のことを忘れたことはなかったのです。夫はまだわが家へはもどっていないけれど、戦死したという通知《つうち》もないことから、きっとどこかで生きているにちがいないという強い思いを抱《いだ》いていました。

「そしたらのう、哲蔵たちは、なんと、インドのインパールちゅう（という）所《とこ》へ向かって進撃《しんげき》していったそうじゃ」

「インパール……インパールてっ、どこにあるんじゃいね。うちの人の最後の手紙には、ビルマへ行くとしか書いてなかったですけど」

「わしも詳《くわ》しいことは知らんけど、何とか言《ゆ》うたのう」

龍蔵は、その場所を想いだそうと、天井《てんじょう》を見つめながら考え込んでいた。

「……そうじゃ、ビルマの中ほどにあるマンダレーちゅう所《とこ》から、西へ大きな河《かわ》を渡《わた》って、さらに山を越《こ》えて……さらに、また大きな河を渡ったとか言うとった」

「えっ、二つもの河ですか」

「そうじゃ。それは……うーん、何ちゅうたかのう……そうじゃ、チンドウィンとかゆう大きな河を渡って、今度は高い山を二つも三つも越《こ》えた所《とこ》にあるインドの町らしいわい」

「へーえ、なんで、そんな遠いとこへ行ったんですかいねえ」

里枝にとっては、インドという国は、とても考えられない遠くの土地でした。それゆえに、そんな所へなぜ日本軍が進撃《しんげき》して行ったことがまったく理解できなかったのです。

「そんなことは、わしらみたいな者《もん》にはわからんことじゃ」

「それは、そうじゃねえ」

「おそらく、それは軍《ぐん》の秘密《ひみつ》じゃったんじゃろう。ところがじゃ、与吉がゆうには、そのイギリスとの戦いで日本軍はぼろぼろに負《ま》けてしもうて、退却《たいきゃく》することになったそうじゃ」

「……」

「けどな（だけども）、日本軍が退却していく七月頃《ごろ》ちゅうのは、あっちの方ではものすごい雨の季節じゃったそうな」

「へええ」

「そんな雨の中、兵士たちは食べるもんものうなってしもて（食べる物もなくなってしまい）、飢《う》えて死んでいくもんがぎょうさん（たくさん）出たらしいわい」

「……」

「ほして（そして）、ジャングル（密林《みつりん》）の山の中での退却《たいきゃく》じゃでのう。兵士らは、日本にはないマラリアとかゆう熱帯病《ねったいびょう》の病気にもかかってしもたらしい。ほんで、ジャングルのあちこちには、身動きできんようになった兵士たちが、数えきれんぐらいに倒《たお》れとったということじゃった」

「そんな……それはひどい話じゃねえ」

「まったくじゃ」

「ほんなら、鉄砲《てっぽう》の玉《たま》に当って死んだ兵隊さんもおったけど、病気や飢《う》えて死んでいった兵隊さんたちがぎょうさんいたということかいねえ」

勝気《かちき》な性格《せいかく》の里枝は、龍蔵の説明に怒《いか》りの表情を浮《う》かべて言いました。それは、戦争とはいえども、そのような悲惨《ひさん》な状況《じょうきょう》に兵士たちを追《お》い込んだ、国と軍部《ぐんぶ》への里枝なりの怒《いか》りの言葉でした。特に、夫《おっと》がそうした苦しい状況《じょうきょう》に置《お》かれていたことに、強い不満と不安を持ったのです。普段《ふだん》から里枝は、「戦争さえなかったら……」が口ぐせとなっていました。

突然《とつぜん》、縁側《えんがわ》の雨戸《あまど》が「ガタガタ」ときしむ音をたてました。風がしだいに強くなり、さらには、遠くで雷起《かみなりお》こし（雪が降る前触《まえぶ》れの雷《かみなり》）が鳴《な》り響《ひび》いていました。

「ほんまじゃのう……ところがな、与吉のやつ、そこまで言《ゆ》うた後《あと》、黙《だま》ってうつむいてしもて、涙を流しながら何にもしゃべらんようになってしもたんじゃ（しまったのだ）……」

祖父もそこまで言ったあと、同じように一息《ひといき》ついて黙《だま》りこんでしまいました。それから、気《き》をとりもどすかのようにして再び語《かた》り始めました。

「無理《むり》もないことじゃのう。与吉はその時、ほんまに言葉にできんような悲惨《ひさん》な戦いの状況《じょうきょう》をきっと想《おも》い出したんじゃろうなあ。それから、やっとのこと口をひらいて……あいつはわしにこう言《ゆ》うたんじゃ」

「何ちゅうたんですか」

「うん、こう言《ゆ》うたんじゃ。『おやじさん……ほんまのとこ言《ゆ》うたら（本当のことを言うと）、実《じつ》は、わしは、食べるもんが何にものうなってしもて（食べるものが何もなくなってしまい）、栄養失調《えいようしっちょう》のためにとうとう一歩も歩けんようになってしもたんじゃ』と」

「まあ」

「ほんで（だから）、部隊《ぶたい》の仲間の兵士たちにはついていけんようになって、ついに落伍《らくご》してしまい、ジャングルの中で一人ぼっちになってしもたんじゃと……可愛《かわい》そうなこっちゃのう（ことだなあ）」

「ほんまに、それは気のどくなことじゃねえ。与吉さん、どんだけ（どれだけ）辛《つろ》て淋《さび》しかったことかねえ」

　里枝は、まるで自分のことのようにつぶやいていました。

「ほんでからに（それから）、『わしは、ジャングルの中ではげしい雨にうたれながら、立ち上がることもできんで倒《たお》れとりました』と言《ゆ》うた。ほって（そして）、『もう自分もこのまま死んでしまうんじゃなあと無念《むねん》の思いをもって、日本に残してきた嫁《よめ》や子どもたち家族の一人ひとりを、だんだんと意識ののうなる（なくなる）中でぼんやりと思い浮かべとりました』と、与吉は泣きながら言《ゆ》うたんじゃ」

「何ということを……」

「そこへ、そこへじゃ。まさかじゃが、偶然《ぐうぜん》にも分隊長《ぶんたいちょう》になっとった息子《むすこ》の哲蔵が、雨の中をびしょ濡《ぬ》れになりながら、部下《ぶか》を引《ひ》き連《つ》れてジャングルの向こうからやって来たというじゃないかい……ほんまの偶然《ぐうぜん》じゃのう」

「お父《とう》さん、ほんなら、うちの人は生きとったんじゃな」

夫《おっと》の名前を聞いた里枝は、すぐに反応《はんのう》しました。その声はうわずっており、夫が生きていたという事実にうれしさが自然とにじみ出ていました。

「そうなんじゃよ」

「……」

「ほんでわしも、そうかそれでどうしたんじゃと身《み》をのりだして、その後のことを聞いたんじゃ。ほったら（そしたら）」

「ほったら、それでどうしたんです。うちの人はどうしたんですか」

里枝は、強い口調《くちょう》で龍蔵《たつぞう》に次《つぎ》の言葉を求めていました。

「与吉はこう言《ゆ》うた」

「何ちゅうたんですか」

「あいつは、与吉はな、弱った体にむちうって、あらんかぎりの声をだして……『哲蔵《てつぞう》ーっ、わしじゃーっ、与吉《よきち》じゃーっ、同級生の与吉じゃーっ、助けてくれーい』と叫んだんじゃ」

「そうですか」

「ああ、自分に気がついてくれいとばかりに、これが生きるための最後《さいご》じゃとばかりに、声をしぼりだして叫《さけ》んだそうな」

「……」

「ほったら（そしたら）、なんと、哲蔵はその声に気付《きづ》いて自分のそばへ駆《か》け寄って来てくれたと言《ゆ》うた」

「よかった」

　里枝は、自然と胸に手を合わせていました。

「それから、弱っとった与吉にな、自分が持っとった僅《わず》かな水と食べ物を与《あた》えたと言《ゆ》うじゃないかい」

「あの人らしいなあ」

　里枝は、やさしい夫の哲蔵ならば当然そうしたであろうとうなずいていた。

「それだけじゃない。哲蔵は、与吉がまったく動けんとわかると、自分と与吉の小銃《しょうじゅう》や装備品《そうびひん》すべてを部下に持たせ、身動《みうご》きができん与吉を哲蔵自らが背負《せお》て、部隊の野戦《やせん》病院《びょういん》がある所《とこ》まで連《つ》れて行ったちゅうことじゃ」

「まあ」

「おかげで、与吉は、野《の》たれ死《じ》ぬすんでのとこ（野たれ死ぬ寸前《すんぜん》のところ）を哲蔵に助けてもろたんじゃ」

「よかった。ほんまによかった」

「うん、よかったのう……けど哲蔵はな」

「けど、けどどうしたんですか」

　里枝がまたしても龍蔵の次の言葉をせかした。夫のその後のことが、とても気になったからです。

「その後、哲蔵のやつ、与吉を無事《ぶじ》に草木で作っただけの野戦《やせん》病院へ送《おく》り届《とど》けてからな、与吉にこう言《ゆ》うたそうじゃ」

「……」

「『与吉よ、もうおまえは死ぬことはないど。その身体《からだ》では兵士《へいし》として戦《たたか》うんはとても無理《むり》じゃ。たぶん除隊《じょたい》（軍からかえされる）になるじゃろう。そうじゃで、おまえは何としても生きて無事に日本へかえるんじゃど』と励ましたそうじゃ」

「そんなことを」

「ああ、ほして（そして）与吉に、『おまえが日本へ無事《ぶじ》にかえれたら、わしの家族に必

ず伝えてくれ』と言《こと》づてを頼《たの》んだそうじゃ」

「えっ、うちの人は何を伝えてくれと言《ゆ》うたんですか」

里枝は、夫の家族への伝言《でんごん》が何であるのか知りたくて、龍蔵にその内容をせかしました。戦いの中で、夫はどのように自分たち家族のことを考えていたのか、それを知ることは里枝にとってとても大切なことだったのです。

「うん、それじゃ、哲蔵はこう言《ゆ》うたそうじゃ。『わしは無事《ぶじ》に生きとるで安心してくれ、ほんで、心配せんとわしのかえりを待っとってくれ』とのう」

「……」

「ほして、『妻《つま》の里枝とじいちゃん、ばあちゃんには、身体《からだ》を大事《だいじ》にせいよ（しなさい）と伝えてくれい。ほんで、三人には、子どものことをくれぐれも頼《たの》みますと伝えといてくれい』と、そう言《ゆ》うたそうじゃ」

「そうですか、あの人はそう言《ゆ》うたんですね」

その言葉を聞いた里枝は、胸《むね》を両手でそっと押さえて安心する仕草《しぐさ》を見せました。夫《おっと》の、自分たち家族のことを思うやさしい気持ちを知ったことで、涙《なみだ》があふれ出てとまりませんでした。里枝は、目頭《めがしら》を押《お》さえて黙《だま》って涙《なみだ》を流し続けました。

「そうじゃ、それからのう、文吉にも伝えてくれと言《ゆ》うたらしいど」

「えっ、文吉にですか」

里枝は、夫が息子に何を伝えたかったのか、思いもよらなかったことに流していた涙をふいて顔をあげました。驚《おどろ》いたのは、居間《いま》の横で母たちの話しを聞いていた文吉でした。

「文吉には、『幼《おさな》い弟平吉を、守ってやってくれ』と、伝言《でんごん》したらしいんじゃ」

「……」

突然《とつぜん》に、自分の名前と、父が自分に言った「弟平吉を守れ」という言葉を聞いた文吉は胸《むね》が熱《あつ》くなりました。その言葉は、出征《しゅっせい》の時に父の哲蔵が彼に言ったことだったのです。それを思う時、父は、自分と弟のことを忘れずに思い続けていてくれたのだと嬉《うれ》しくなりました。そして、どんなことがあっても父との約束《やくそく》を守ろうと強く自分に言い聞かせていました。

外の風が一段《いちだん》と強くなり、板の雨戸《あまど》が激《はげ》しく音をたてていました。外は、雪が降《ふ》りはじめたのか、急に寒さを感じた文吉でした。祖父の話は続いていました。

「そのあとで、哲蔵は『みんなに、よろしゅう伝えといてくれ』と言い残し、笑顔《えがお》で部下たちを引き連れて、また戦いの場へ出て行ったそうじゃ。」

「そうですか……」

「辛《つら》いことじゃが戦争しとんじゃからなあ……まあ、仕方《しかた》がないいちゅうたら（仕方がないといえば）そうじゃがのう」

「……」

「与吉は、それからわしに両手をついて……おやじさんこらえてくださいと何度も何度も頭を畳《たたみ》にくっつけて礼を言《ゆ》うたんじゃよ」

「何で……ですか」

「哲蔵のおかげで、無事に生きて還《かえ》ることができたからじゃろう」

「それはそうですが……」

それから与吉は「『自分は、除隊《じょたい》となって日本へ帰る途中に終戦になり、武装解除《ぶそうかいじょ》（武器などを相手側に引き渡す）して、捕虜収容所《ほりょしゅうようじょ》に入れられとりました』と言《ゆ》うた」

「えっ、収容所ですか」

「そうじゃ、ほんで、やっとのこと許《ゆる》されて日本へかえることができたんじゃと」

「……」

「そんでな、わしは最後に念《ねん》をおすように与吉《よきち》に聞いてみたんじゃ……与吉よ、おまえは、わしのせがれの哲蔵《てつぞう》は生きとると思うかいと」

「ほしたら（そしたら）、与吉さんはどう言《ゆ》うたんじゃお父《とう》さん。うちの人は与吉さんとおんなじように、どっかの収容所に入《は》いっとるんですか」

里枝は、与吉の言葉の中に、夫も収容所で出所《しゅっしょ》の時を待《ま》っているのではないかと考えたのです。彼女の思いは、夫が生きているかどうかが一番に知りたいことだったのです。

「うん、わしも、哲蔵がその後どうなったんかをほんまに知りたかったんじゃ。ところが、あいつははっきりとこう言《ゆ》うた」

「……」

里枝は、祖父の顔を真剣《しんけん》に見つめながら、次《つぎ》の言葉を不安な気持ちで待ちました。

「あいつは、しばらく考えとったがのう、こうはっきりゆうたんじゃ……『おやじさん、哲蔵はわしを背負《せお》って行くぐらい強い男じゃった。ほして、あのとおり頭もきれる男じゃけど』……」

「じゃけど、どうしたんですか」

里枝は、さらに不安が頭をよぎりました。

「『おやじさん。あの無謀《むぼう》な作戦《さくせん》、それに日本軍にとって、ほんま滅茶苦茶《めちゃくちゃ》に悲惨《ひさん》で激《はげ》しかったインパールでの戦いじゃったでなあ』と」

「……」

「また、こうも言《ゆ》うた。『おやじさん、あそこは地獄《じごく》の戦場《せんじょう》じゃった……ほんま、地獄じゃったんです。そんで多くの部隊《ぶたい》が全滅《ぜんめつ》しとります』とのう」

与吉はそう言って眼《め》を閉《と》じ、力《ちから》なくうつむいたということでした。

「……」

「ほじゃから（そうだから）、『哲蔵さんが生きて還《かえ》ることは……それに、いまだに戻《もど》っとらんちゅうことを考えたら、残念じゃけど、ほとんど難《むずか》しいんとちがいますか』……と、はっきり言《ゆ》うた」

「難しい……哲蔵さんがと……」

里枝は、息がつまりそうな声で弱々《よわよわ》しく言った。与吉の言葉は、夫の哲蔵はすでに死んでいるのではと言ったように聞こえたのです。胸《むね》が締《し》め付《つ》けられるようでした。

しかし里枝は、思わず『そんな、あほな』と心の中で叫《さけ》び、龍蔵の言った言葉を打ち消そうとしました。

『そんなことはない。あの人は死んでなんかおらん』

里枝は、そうだとばかりに、何度も何度もうなずいていました。

風雪《ふうせつ》が激《はげ》しくなったのか、部屋の障子《しょうじ》がガタゴトと一層激《いっそうはげ》しく音を立てながらゆれていました。

「おそらく与吉のやつ、哲蔵はもう生きてはおらんやろと言《ゆ》おうとしたんじゃろう」

「……」

龍蔵のあきらめの言葉にたいして、里枝は黙《だま》って泣きながら、何度も何度もそれを否定するかのように首を横に振《ふ》りました。

「残念じゃが、そんな厳《きび》しい戦場から無事に還《かえ》ってくるのんは（くるのは）確《たし》かにむずかしいことじゃ。そうじゃで、わしもそう思わざるをえん」

「……」

「戦争が終わってもう二年近くも経《た》つちゅうのに、まんだ（まだ）かえってこん哲蔵じゃでのう」

「ほんでも、おとうさん」

「いや、役場《やくば》から戦死したとの知らせはないけど……わしは、あいつもインドかビルマのジャングルのどっか（どこか）で、もう野《の》たれ死《じ》んでしもとるんじゃなかろうかと思うんじゃ」

「……」

「くやしいけど、与吉の話からして、それしか、わしには考えがつかんのじゃよ」

「ちがいますで、お父《とう》さん。そんなことはありません。そんなことは……」

「……」

龍蔵は、里枝の、夫は死んではいないとの強い言葉に驚《おどろ》きの表情をみせました。

「ちがいます。絶対にそんなことはあれへんです。あの人は誰《だれ》よりも強い人じゃから、どこかできっと……きっと生きとる、生きとりますで……死にゃしませんで」

里枝は、夫を信じるかのように龍蔵の言葉を早口《はやくち》で強く否定《ひてい》した。その時でした。

「そうじゃのう、わしも里枝さんが言《ゆ》う通《とお》りじゃと思《おも》とる……あの子は、哲蔵は子どものころから強い子じゃった。そんなことは、おじいさんあんたもよう知っとるじゃろうが」

「……」

龍蔵と里枝の二人の会話を、それまで黙《だま》ってじっと聴《き》いていた祖母《そぼ》のフサが、そこで始めてゆっくりと口を開いて、おだやかな口調《くちょう》で龍蔵に言ったのです。

「あの子は、裏《うら》のあの高い柿《かき》の木《き》から柿ぼり（柿を採《と》る）しとる時、枝が折《お》れて落ちても、かすり傷《きず》だけじゃったじゃないかいな」

「ああ、そんなこともあったのう」

「哲蔵は、そういう運《うん》の強い子なんじゃ。そんなわしの息子が死んだりするもんかいな、決して死にゃあせんで」

フサは、里枝の言った「生きとりますで」という言葉を強く後押《あとお》しするかのように、力を込めて言いました。それは、わが子を思う母親ならではの本当の気持ちでした。

「あの子は、生きとる……きっと生きとる」

「おかあさん……」

「どっかで生きとって……今頃《いまごろ》は、日本へ向《む》かっとるじゃろうで。そじゃから決して死んどりゃせん」

「……」

「おじいさん。あんたもあの子の父親として、ほんまはそう思とるんと違《ちが》うんかいな」

フサは、わが子の生存《せいぞん》への思いを、夫の龍蔵《たつぞう》に、今度は独り言《ひとごと》のように言葉を強めて言いました。その時でした。

「そうじゃ。父ちゃんは生きとる。絶対《ぜったい》死んどりゃせんわい」

居間《いま》の障子《しょうじ》を、両手で勢《いきお》いよく開《ひら》けて、文吉がそこへ飛び込んできました。文吉も、父親が死んだということは決して信じたくなかったのです。

「文吉、おまえ、わしらの話を聴《き》いとったんかい」

里枝は、突然《とつぜん》入ってきた文吉のけわしい形相《ぎょうそう》におどろいて、うしろに大きくのけぞりました。

三人の話を立ち聴《き》きしていた文吉も、母や祖母《そぼ》の言ったことを信じたからこそ、自分の思いを三人にぶつけたのです。

ただ、それでも、文吉の心の片隅《かたすみ》には、戦争が終わって二年近くもたつというのに、父がまだ還《かえ》ってこないということには大きな不安はありました。

戸外《こがい》から聞こえてくる風雪《ふうせつ》の音が、一層激《いっそうはげ》しくなっていました。

三　新聞配達と授業の遅刻《ちこく》

鯉《こい》のぼりのできごとがあった次の日は、日曜日で学校は休みです。しかし、文吉には、朝の新聞配達《しんぶんはいたつ》という大切《たいせつ》な仕事がありました。だから、彼には休日というものはほとんどなかったのです。盆《ぼん》と正月そして新聞社の創立記念日《そうりつきねんび》など、一年に数日だけが新聞休刊日《きゅうかんび》のために休むことができました。その日の朝は、小学生にとってとても嬉しいことでした。それだけに、新聞配達は小学生にとって厳《きび》しい仕事だったのです。それでも文吉は、雨の日も雪の日も一日も休むことなく、朝早く新聞配達に出かけて行きました。

彼が新聞配達を始めたのは、昨年の四年生の夏休みからです。近所のおにいさんが辞《や》めるので、代《か》わりに文吉にやってくれないかと母に頼《たの》みこんだのです。それを聞いた文吉は、ぜひやってみたいと母に強く要求《ようきゅう》しました。

文吉は、これまで小遣《こづか》いというものはもらったことがありません。正月に、わずかのお年玉をもらって大喜びしていました。それゆえに、文吉は自分で自由に使えるお金というものは持っていませんでした。できることならば、母にねだらずに自分の好きな少年雑誌《ざっし》や魚とりの道具《どうぐ》などを買いたいとも思ったことがあります。しかし、そんな理由からではなく、文吉にとっては、何よりも家の暮《く》らしを少しでも助けたいという気持ちが強かったのです。

文吉は、教科書代《だい》や教材費《ひ》そして遠足の費用《ひよう》などを学校へ持参《じさん》しなければならない時、母の里枝《さとえ》に遠慮《えんりょ》がちにそれを告《つ》げていました。すると、母は「そうかい、何ぼじゃな（いくらだ）」と言ってから、箪笥《たんす》の引き出しの中から、がまぐちの財布《さいふ》を取り出して手渡《てわた》してくれました。しかし、金額《きんがく》が大きい時には、何度か「……うん、ちょっと足《た》らんなあ（足らないなあ）」とつぶやいたあと、「ふーっ」と大きなため息をついて天井《てんじょう》をあおぎ見ました。それから、思いついたように「文吉、じいちゃん、ばあちゃんに借《か》りてくるで、ちょっと待っとってくれ」と言って、うつむきながら部屋を出て行きました。

文吉は、母が本当に困《こま》ったという顔で天井《てんじょう》を見つめる姿に、わが家の貧《まず》しさを強く感じ取りました。それは、子どもながらにとても辛《つら》いことでした。

『お金《かね》がないんは（無《な》いのは）嫌《いや》じゃなあ』

それは、文吉の本心《ほんしん》でした。

母の里枝は、彼が新聞配達の仕事をすることにたいして、まだ幼《おさな》いことを理由に、「おまえは、家のことなんか心配《しんぱい》せんでもええんじゃ」と強く反対しました。しかし文吉は、「父《とう》ちゃんの代《か》わりにちょっとでもええから働《はたら》きたいんじゃ。なあ母《かあ》ちゃん、頼《たの》むでやらせてくれいな（やらせてください）」と言って、どうしても配達することを認めて欲しいと譲《ゆず》らなかったのです。

その熱意《ねつい》に、意思《いし》の強い文吉であることをよく知っている母の里枝は、それほどまで言うのならばと、決して途中《とちゅう》で投げ出さないことを約束《やくそく》して、新聞配達をすることを許したのです。

配達に慣《な》れるまでの数日間、先輩《せんぱい》のおにいさんがいっしょに配達の手順《てじゅん》を親切に教えてくれました。その後《ご》は、自分一人の責任で配達しなければなりませんでした。

父の古くて重くてそして大きな自転車に飛び乗り、文吉は南へおよそ四キロ先の販売店《はんばいてん》へと向かいます。しかし、大人用《おとなよう》の自転車です。サドルの位置が高いため、四年生の彼の足にはなんとかペダルが届《とど》くぐらいでした。また、砂利道《じゃりみち》はところどころに大小の窪地《くぼち》ができており、さらに小石《こいし》がタイヤをすべらせるためにハンドル操作《そうさ》にはかなり苦労《くろう》しました。

販売店には、多くの少年少女が、新聞を運んでくるトラックを待っています。その多くは年齢《ねんれい》の高い少年たちで、文吉のような年少《ねんしょう》の者はほとんどいませんでした。

最初に彼らがする作業は、トラックが到着後《とうちゃくご》、すぐに新聞を包んだ大きな束《たば》を荷台《にだい》から降《お》ろして、販売店の所定《しょてい》の場所へ運び込むことです。つぎに、そこから各新聞社の新聞を、自分の配達分を数えて広い台座《だいざ》に置きます。そして、その日に折《お》り込《こ》む広告紙《こうこくし》がある時は、それを持ってきてすばやく新聞にはさんでいきます。そうした一連《いちれん》の作業を終えてから、ようやく新聞を自分の自転車に積《つ》み込み、急いで配達に出発するのです。

文吉にとって、始めたばかりの頃《ころ》は慣《な》れないために、それら一連《いちれん》の作業にとまどいました。時には、配達先の家に違《ちが》う新聞を配達する失敗が多くありました。また、雨の日に新聞を濡《ぬ》らしてしまい、配達先の人に叱《しか》られたりもしました。

特に雪の降る日の配達は、本当に泣きたくなりました。雪の中、車の通過《つうか》したわだち(タイヤの跡《あと》)の跡《あと》を追いかけるようにして自転車を走らせるのですが、四年生の彼にとっては重い自転車が思うように進まなかったのです。タイヤをすべらせ、何度も何度も雪道に倒《たお》れてしまいました。また、自転車のチェーンが切れた時は、頭の中が真《ま》っ白になりました。そのために、途中から歩いて配達しなければならないなど、悪戦苦闘《あくせんくとう》の日々《ひび》だったのです。

しかしそんな時でも、文吉は泣きたくなりましたが、母が言った「途中《とちゅう》で投げ出すな」

という言葉を思い出して、泣かずに最後までがんばりぬいたのです。

でも、そうした苦労にもかかわらず、謝礼《しゃれい》としてもらう配達料金はわずかなものでした。それでも、文吉にとっては、そのお金が学業のいくらかの足《た》しになると考えた時、とても貴重《きちょう》なお金だったのです。

ただ、新聞配達をはじめたことで、一つの問題が出てきました。それは、授業開始時間に間《ま》に合わないことが何度か出てきたのです。それは、小学生の文吉にとってとても辛《つら》いことだったのです。

遅刻するのは、自転車が途中で故障《こしょう》して動かなくなった時や、雪や雨そして台風《たいふう》の時などでした。特に雪の降った時は、確実《かくじつ》に列車《れっしゃ》やトラックの到着《とうちゃく》が遅《おく》れるため、当然販売店への新聞到着も大幅《おおはば》に遅れます。そのような思いもしないことが発生した時は、登校時間に間に合わず、授業の途中に遅刻《ちこく》していかねばならなかったのです。

文吉は、授業が始まっている教室に入る時が本当に辛《つら》く嫌《いや》でした。担任の声が響《ひび》きわたる静かな教室に入る時、気持ちを落ち着かせるために、彼は大きく「ふーっ」と深呼

吸をしてから入口のとってに手をかけます。

文吉は、自分が遅刻《ちこく》したことでもあり、もうしわけなさそうに教室の戸をそーっと開《あ》けて音を立てずに入ろうします。しかし、それに気付《きづ》いた担任の男性教師が、いつもどなりつけるように大きな声で彼に言うのです。

「また文吉おまえかい……相変《あいか》わらず、しょうのないやっちゃのう（仕方《しかた》のないやつだなあ）」

「……」

「そんなこっちゃから（そんなことだから）、勉強ができへんのじゃ。まっ、ええ（かまわん）。とにかくはよう座《すわ》れ……ほんまにこまったやっちゃ」

「……」

担任は、昨年に戦地《せんち》から帰った元職業軍人《もとしょくぎょうぐんじん》（自《みずか》ら軍隊を志願《しがん》した軍人）でした。三十歳《さい》ぐらいのやせた身体《からだ》つきですが、いつもぶっきらぼうな言葉で文吉をどなりつけて叱《しか》りつけました。彼は自分のことを、戦地では将校《しょうこう》（軍隊の中での幹部《かんぶ》）として中国軍《ちゅうごくぐん》を

五年

相手に勇《いさ》ましく戦い、「敵《てき》を、散々《さんざん》やっつけてやった」という自慢話《じまんばなし》を何度もするような担任でした。

文吉が、そんな担任に怒鳴《どな》りつけられた時には、教室の中がシーンと静かになります。それでも、遅《おく》れてきた文吉を笑《わら》う同級生は、だれ一人いませんでした。同級生たちは、いつも明るくて元気で、そして友達にやさしい文吉が大好きだったのです。

それゆえ、文吉が叱《しか》られることは、まるで自分が叱られているような気持ちになりました。文吉の近所に住む和子《かずこ》は、幼い時から家の仕事を黙々《もくもく》と手伝う彼を知っているだけに、その思いが強くありました。だから、『なんで先生は、文《ぶん》ちゃんをそんなふうに言《ゆ》うんや』と、心の中で腹をたてていました。

その思いは、文吉の魚とり仲間の勝男《かつお》も、正夫《まさお》も、そして元太《げんた》もそうでした。また彼らは、チャンバラごっこの仲間でもあり、相撲《すもう》仲間でもあったのです。そして、彼らは三郎と共に、文吉に連《つ》れられて近くの山へよく出かけて行きました。文吉は、そこで針金を輪《わ》にして野ウサギを捕《と》るための仕掛《しか》けや、鳥を捕《と》るための「くぐつ」という、細い木の枝の「しなり」（曲《ま》がり）を利用して使う特別な方法を教えてやりました。イノシシを捕るために、みんなで大きな落とし穴をつくったこともありました。そのように、彼らは、文吉といっしょになって野山や川を舞台にして駆《か》けめぐっていた遊び仲間でした。

文吉は、それらの技《わざ》を近所に住む朝鮮人《ちょうせんじん》の「ソン」兄《にい》さんから教えてもらっていたのです。彼は、文吉より五歳の年長《ねんちょう》でしたが、文吉を野山に誘《さそ》い、魚とりや鳥とりなど何でも教えてくれました。いうなれば、「ソン」兄さんは文吉にとっての遊びの先生だったのです。勉強もよく出来て、文吉は宿題をよく教えてもらいました。「ソン」兄さんは、小学校を卒業すると同時に近くの鉱山へ働きに出ましたが、今でも休みの日にはいろいろなことを教えてくれます。でも文吉には、「ソン」兄さんが一度だけ「おれも日本人じゃったらのう」と、空を見上げて淋《さび》しそうにしていた姿が忘れられません。

そのように時々遅刻をする文吉でしたが、同級生たちは、何よりも文吉が家計《かけい》を少しでも助けるために、早朝からの新聞配達をしているのだということを知っていました。

そして、文吉が自転車に乗って元気よく配達《はいたつ》している姿を、同級生たちは何度か見たこともありました。となり村の正子《まさこ》は、自分の家へ「しんぶーん」と元気な声を出して配達している文吉を知っていました。彼女は、その声で何度か目を覚《さ》ましたことがあるからです。

養護《ようご》の荒田先生もその一人でした。文吉は掃除《そうじ》中に手をけがした時、保健室で荒田先生に治療《ちりょう》してもらったことがあります。その時、先生は文吉の手をとって、消毒液のヨードチンキをていねいに塗《ぬ》りながら言ってくれました。

「文吉くん。わたしねえ、あなたの『しんぶーん』という元気な声で毎朝起きるんよ」

「えっ……」

文吉は胸がドッキンとして、思わず先生の顔を見上げていました。

「ほんまやよ（本当《ほんとう》よ）、ほんまにようがんばっているわねえ」

「……」

「わたし、そんな文吉くんを尊敬《そんけい》しとんよ。えらいなあ」

「……」

文吉は、荒田先生のその一言《ひとこと》が、天にのぼるほど嬉しかったことを覚《おぼ》えています。先生には二人の幼い子どもがいましたが、勝気《かちき》な母の里枝とちがって、とてもやさしい人でした。文吉は、自分の新聞配達を、そのように思っていてくれる人がいることが配達の大きな力になりました。

それに反して、文吉は「遅刻《ちこく》」したことで、元軍人の担任から勉強のことを馬鹿《ばか》にされたことがとても悔《くや》しくて悲しかったのです。それゆえに、なぜ遅《おく》れてきたのかと理由も聞かずに、ただどなりつけるだけの担任にはいつも反発《はんぱつ》していました。文吉にとって、そんな担任はいつも「敵」のように思えました。

だから文吉は、そんな時でも、「すみません」とは言わず、そして決して謝《あやま》りもしませんでした。むっとした反抗的《はんこうてき》な態度をとりながら、校庭の見える窓側の自分の席に行き、「ふーっ」と大きく息を吐《は》き出しながら黙《だま》って座《すわ》ります。担任は、どうして新聞配達をしていることを理解してくれないのだろうかと思うと、悔《くや》しくてたまらなかったか

らです。それは、文吉にとって一番辛《つら》いことでした。自然とその気持ちが担任への反発の態度に出てしまいました。すると、

「なんじゃ、おまえのその態度は。ちっとも反省《はんせい》しとらんのう」

担任は、文吉のふてぶてしい態度を見て、またしても憎《にく》らしげに言い放《はな》つのでした。

「……」

文吉は担任の言葉を無視《むし》するかのように、黙《だま》って布《ぬの》の肩《かた》かけかばんから教科書などをポンと机の上に投げ出し、頁《ぺーじ》も開けずにそのまま机の上に置いたままにします。

文吉は、そんな時、ますます勉強するのが嫌《きら》いになるのです。授業中、座《すわ》っていることがとても辛《つら》くなりました。

『ああーっ、はよう授業が終わらんかいなあ……』

文吉は、窓から外の景色《けしき》をぼんやりと眺《なが》めながら、いつもそんなことを心の中でつぶやいていました。そして、両ひじをついた手に頭をのせて、首を外に向けて黒板は見向きもしませんでした。同級生の中で、黒板よりも外の景色《けしき》を見るのが一番多いのが文吉

でした。

文吉の頭の中には、担任の話すことは何一つ入ってきませんでした。

四　ニワトリ小屋

「文吉、起《お》きいよー（起きなさいよー）」

　文吉は、毎日、母里枝《さとえ》の声かけで布団《ふとん》からゆっくりと起きあがります。それから便所《べんじょ》に行き、眠気《ねむけ》をさますためにじゃばじゃばとせわしく顔を洗います。そして、母親の用意してくれた温《あたた》かいおにぎり一個をほうばったあと、「いってくるでー」と元気に告《つ》げて新聞配達に出かけて行くのです。

　文吉は、日曜日のその日も配達を終えて帰宅《きたく》すると、すぐに部屋へとんで行きました。それから平吉を起こして、裏庭《うらにわ》にあるニワトリ小屋へと連れて行きました。それが、いつもの朝の彼の行動だったのです。

五月の早朝《そうちょう》はまだ寒く、あたり一面《いちめん》に霧《きり》がかかり、ニワトリ小屋を白い雲のようにして包《つつ》みこんでいました。

文吉は、ニワトリ小屋の前で胸《むね》がワクワク、ドキドキしてきました。すぐに小屋の扉《とびら》をあけて、二羽《にわ》のニワトリを外へ出します。ニワトリたちは、「クック、コケッコ」と騒《さわ》ぎ立てながらせわしく飛び出てきました。

「ごめんな、ニワトリさん……さてと、今日はどうじゃろな（どうだろうな）」

彼は、まるで宝物《たからもの》を探《さが》すかのようにして、小屋に頭を入れて真剣《しんけん》な眼《め》で奥《おく》をじーっとのぞきこみました。この瞬間《しゅんかん》が、いつも期待《きたい》と不安《ふあん》で心臓《しんぞう》がどきどきしてくるのです。

「あった。平吉、卵うんどるど」

文吉は、一個の卵を見つけたその時、言葉に出来ないほどの嬉《うれ》しさがこみあげてきました。ほっとして、自然と胸《むね》に手をあてていました。

「ほんまか、兄《にい》ちゃん。何ぼ（何個《こ》）じゃ」

「残念《ざんねん》じゃけど今日は一個じゃ。ほんでも、いっつも（いつも）よりごっつうでかいど（すごく大きいぞ）」

「わー、ほんまじゃ。でっかい卵じゃなあ」

文吉は、ニワトリ小屋の中から宝物《たからもの》のようにしてそーっと一個の卵を取り出し、両手を広げて待《ま》っている弟の小さな手のひらに乗《の》せてやりました。

「わあー。まんだ（まだ）ぬくいなあ兄《にい》ちゃん」

平吉は、手にした卵を、自分の頬《ほお》にくっつけながら嬉《うれ》しそうにほほ笑《え》みました。昨日の鯉《こい》のぼりのことがあっただけに、文吉は、その弟の喜ぶ顔を見て安心していました。

文吉の家では、その卵を家族全員で分け合って食べました。文吉は、特に温かい麦《むぎ》ごはんに生卵《なまたまご》をかけて食べるのが大好きでした。母の里枝は、文吉たちのためにいろいろとおいしい卵料理をつくってくれました。戦後の苦しい家庭にとって、卵はなくてはならない栄養食品《えいようしょくひん》だったのです。

また秋の運動会の朝、母の里枝は、「ほれ、文吉。がんばってこいよ」と言って生卵《なまたまご》を一個手渡してくれました。文吉はその卵に小さな穴をあけて、チュウチュウと吸《す》い込《こ》むのがいつものことでした。文吉は卵を吸い込んだ時、何だかわからなかったけれど、不思議《ふしぎ》な力がモリモリとみなぎってくる感じがしました。そして、一〇〇メートル徒《と》競争《きょうそう》は、いつも一番でした。リレーの選手としてもがんばりました。だから文吉は、それが卵の力のおかげなんだと信じていたのです。

卵を大事そうに家に持ち帰ったあと、兄弟はいつものように小川へと走っていきました。それは、ニワトリたちの餌《えさ》にする貝《かい》などをとるためです。

小川は、文吉たちの家の近くを流れています。早朝《そうちょう》だったので朝霧《あさぎり》がうっすらと立ちこめていました。川幅《かわはば》はおよそ四メートルで、深さは一番深いところでも文吉の腰《こし》ぐらいです。二人は、この川でいつも魚とりをしたり、夏には泳いだり、ホタル狩《が》りをしたりして遊んでいるのです。

さらに、文吉はこの川から水をくみあげ、家の五右衛門風呂《ごえもんふろ》に入れるために天秤棒《てんびんぼう》で運びます。およそ百メートルの距離ですが、それは文吉の大切な仕事の一つでした。そして、斧《おの》で火たき用の薪《まき》を割《わ》るのも文吉の仕事でした。

昨年の夏のことでした。文吉はホタルを捕《と》ることに夢中《むちゅう》になり、欄干《らんかん》のない橋の上からホタルを追いかけていき、勢《いきお》いあまって橋からドボンと小川の中へ落ちてしまいました。幸いにもけがはなかったのですが、全身《ぜんしん》ずぶぬれとなり、母の里枝にこっぴどくしかられました。とにかく勉強はにがてでしたが、外での遊びはだれにも負けずに行動する少年でした。

五月の小川の水はかなり冷たかったけれど、二人は一生懸命《いっしょうけんめい》になって、川底《かわぞこ》の石にへばりついているカラス貝《がい》や砂地《すなち》にもぐっているシジミ貝《がい》などを手でとっていきました。彼らが貝《かい》をとるのに夢中《むちゅう》になっている小川には、小さなメダカやサワガニなどのほか、モト（地方名・別名関西ではカワムツ）を中心にドジョウやフナなどの魚がいっぱい泳いでいました。夏には、アユも少しですが昇《のぼ》ってきます。でも二人は、貝とりをしている時には、そのような魚には見向《みむ》きもしません。ひたすら貝とりに夢中になっていたのです。

霧《きり》がはれた青い空には、「ピー、ピーヒョロロ」とかん高い鳴《な》き声で、トンビが二羽、円《えん》を描《えが》きながら飛んでいました。

「平吉、もうよいど（いいよ）。ほれ見てみい、こんだけ（これだけ）ぎょうさん（たくさん）とれたど」

しばらくしてから、文吉が貝を入れたざるを高々《たかだか》とあげながら言いました。

「わあー、兄《にい》ちゃんすごいなあ」

平吉は、兄《あに》のざるの中にあるたくさんの貝を見て、すっとんきょうの声をあげて叫《さけ》びました。彼は、いつも兄のたくましい行動にあこがれていました。だから誰《だれ》よりも大好きな兄でした。

文吉は、貝をとったあと、今度は小川の岸辺《きしべ》にはえているセリなどの野草《やそう》をていねいに摘《つ》んでいきました。それも、二羽のニワトリたちの餌《えさ》にする大切な材料《ざいりょう》でした。彼は、卵を産《う》んでくれたニワトリたちに、たくさんの栄養《えいよう》を与《あた》えたかったのです。

文吉はそれらを持って帰宅すると、すぐに手作りのまな板《いた》を取り出し、その上で貝を石で細《こま》かく打ちくだきました。そして摘《つ》んできた野草を手で細かくちぎり、それら二つを混《ま》ぜていきました。ニワトリたちへの、卵を産《う》んでくれたほうびとしての、おいしい餌《えさ》の出来上がりです。

二人は、それを持って再びニワトリ小屋へ向かいます。それから、できたての餌《えさ》を、竹でつくった餌入れの中にたっぷりと入れてやりました。そして、小屋の外で口ばしをさかんに動かしながら、せわしく庭をつついているニワトリたちに向かって言いました。

「ニワトリさん、明日《あした》は頼《たの》むでようけ（たくさん）の卵を産《う》んでくれよなあ。母《かあ》ちゃん、じいちゃん、ばあちゃんたちにも食べさせてあげたいんじゃ」

文吉は、そう言いながらニワトリたちに手をあわせていました。その後《あと》で、二人は「コケッコ、コケッコ」と鳴《な》くニワトリを、「しっしっ」と両手でおいかけながら小屋にもどし、扉《とびら》を閉《し》めました。

その直後《ちょくご》の一瞬《いっしゅん》のことでした。

文吉は、小屋の扉《とびら》を閉《し》めて立ち上がった時、その場に立ちつくしました。何かが頭の中でコトリと動いたのです。文吉には、それが何かはよく分からなかったけれど、何かを思いつきそうなのです。そして、文吉はすぐに何かを思いついたらしく、自分を納得《なっとく》させるかのように、パンッと強く手をたたいていました。

空には、先《さき》ほどのトンビが上昇気流《じょうしょうきりゅう》にのったのか、急上昇《きゅうじょうしょう》して青空の中へと翼《つばさ》を広げて舞《ま》い上がっていきました。裏庭《うらにわ》にある大きなカキの木の梢《こずえ》では、十数羽《すうわ》のスズメたちが「チュンチュン」とにぎやかにさえずっています。

「よっし、そうじゃ」

文吉は、手をたたきながら大きな声を出していました。その時、文吉の頭の中にはある一つの考えがひらめいていたのです。

『そうじゃ、そうじゃ……屋根より高い鯉《こい》のぼりじゃ……これじゃ。よっしゃあ、平吉まっとれよ』

文吉はその時、弟の望《のぞ》みをかなえてやるための、ある鯉のぼりの計画を思いついたのです。そして、その計画は弟には内緒《ないしょ》にして実行して、最後に喜ばせてやろうと決めました。

しばらくの間、文吉はもう一度、ニワトリ小屋と青く澄《す》みきった空を真剣《しんけん》な表情《ひょうじょう》で見つめていました。

文吉には、難《むずか》しい考えごとをする時は、いつでも腕組《うでぐ》みをする癖《くせ》がありました。その時も、ぐっと腕に力を入れながら、何やらその計画の内容を考えているようです。それから、文吉はにっこりとほほえみ、二度三度と合点《がてん》したかのように大きくうなずいていました。

そしてまた、文吉のその眼は、ある秘密作戦《ひみつさくせん》を開始《かいし》するためにキラリと大きく輝《かがや》いていたのです。

五月のさわやかな風が、スーッと勢いよく文吉とニワトリ小屋に吹き降《ふお》りてきました。

五　文吉《ぶんきち》の秘密作戦《ひみつさくせん》

文吉はその日の朝食で、母の作るいつものおいしい味噌汁《みそしる》、そしてとれたての卵を温かい麦飯《むぎめし》にかけて腹《はら》いっぱい食べました。それは、今から秘密作戦のための力仕事をすることが頭の中にあったからです。

朝食後、文吉は古びた鉈《なた》を腰《こし》にさし、母の里枝《さとえ》に「かあちゃん、竹伐《き》りにちょっと行ってくるで」と告《つ》げて、すぐに家を飛び出して行きました。その鉈《なた》は、父の哲蔵が大切に使っていたものです。

「兄《にい》ちゃん、ぼくも行く」

それに気付いた弟の平吉は、兄とは何でもいっしょに行動したかったので、文吉のあとを追《お》いかけて行きました。しかし、文吉は振《ふ》り向《む》きざまに、手を大きく広げて「来るな」という仕草《しぐさ》をしました。

「あかん、これは危《あぶ》ないことじゃで、おまえは家におれ（残れ）」

文吉は、弟の声をわざと無視《むし》して強く命《めい》じました。そして、一人で小川の奥《おく》にある竹やぶの中へと、どんどん入っていきました。いよいよ、文吉の秘密作戦の開始《かいし》です。

しばらくしてから、竹やぶの中から「カーン、カーン」という、鉈《なた》で竹を伐《き》るかん高い音が響《ひび》いてきました。その音がやんでから、かなり時間をおいて文吉が長さ五メートルほどの青竹《あおだけ》を三本かつぎ、真《ま》っ赤《か》な顔をして「ガサガサ」と竹やぶの中から出てきました。

「ふーっ」

文吉は竹伐《たけき》りにかなり苦労《くろう》したようで、やれやれといった表情《ひょうじょう》で大きく息《いき》をはき出しました。その顔や手には何ヶ所か血《ち》が流れ出ており、数ヶ所《すうかしょ》をけがしているようでした。小学五年生にとって、鉈《なた》での竹伐《たけき》り作業は簡単《かんたん》ではなかったようです。

それから文吉は、青竹を「よっこらしょ」と言いながら肩《かた》にかついで家へ持ち帰りました。そして、裏庭《うらにわ》のニワトリ小屋の横に建つ木小屋《きごや》に、その青竹《あおだけ》を持って入っていきました。つぎに、木小屋の中に置いてある大工道具《だいくどうぐ》を取り出して、いよいよ秘密作戦の作業を開始していったのです。

木小屋からは、すぐに「カリカリ」・「ゴシゴシ」とのこぎりで竹を切る音がしてきました。するとは今度は、「カンカン」と鉈《なた》で竹を割《わ》る音がしてきました。

その音を聞いた平吉は、今度も兄が何をしているのかと不思議《ふしぎ》に思って、木小屋の戸をあけようとしました。その時です。

「あかんっ（だめだっ）、入るなっ」

またしても、文吉の大きな声が響《ひび》きました。その声は、平吉にとって、まるで雷《かみなり》にでも打たれたような響《ひび》きでした。兄が、なぜそのような大きな声で叫《さけ》んだのか意味がわからず、彼はただボーとして立ちつくしていました。すると、

「あかんど平吉、誰《だれ》も入ったらあかんのじゃ、絶対《ぜったい》に」

さらに念《ねん》を押《お》すように、文吉は厳《きび》しい声で弟に命令《めいれい》しました。平吉は、それにはおおいに不満《ふまん》でしたが、大好きな兄の命令にはどうしても逆《さか》らえません。仕方《しかた》なく渋々《しぶしぶ》と兄の命令に従い、母屋《おもや》へとさびしそうに帰っていきました。

その後《あと》しばらくしてから、今度は友達の三郎《さぶろう》が、魚を突《つ》く太《ふと》いもりと大きな網《あみ》をもって文吉の家へやってきました。

「文《ぶん》ちゃんおるかーっ、わしじゃ三郎じゃ」

彼は元気よく叫んで、玄関に飛び込んできました。

「あれ、さぶちゃんかい。文吉は裏《うら》の木小屋《きごや》の中におるで、そっちへいき」

たらいで洗濯《せんたく》をしていた母の里枝が、その声に気付いて、裏《うら》の庭へ行きなさいと三郎に伝えました。

「あっ、おばちゃん、おはよう……うん、わかった行ってみるわ」

そう言うなり、三郎は土間《どま》を通り抜《ぬ》けて、急いで裏《うら》の木小屋《きごや》へと走って行きました。

「文ちゃん、わしじゃ。三郎じゃ、入《はい》るど」

「あかん、入るな」

またしても、文吉が大声で叫《さけ》びました。

「えっ、なんでじゃ」

文吉の大きな声にとまどい、三郎は思わず立ち止まりました。

「なんでも、なんでもじゃ。絶対《ぜったい》入るなよ」

「おかしなやっちゃなあ。きのう文《ぶん》ちゃん、今日、コイを捕《と》りに行こ言《ゆ》うて、わしを誘《さそ》た
じゃないかい」

「んっ……」

「忘《わす》れたんかいや……何《なん》ちゅうたかいなあ（何と言っていたかなあ）……そうじゃ、昨日《きのう》
の朝、発電所へ新聞配達《しんぶんはいたつ》に行った時、その下《しも》の川ん中で、ごっついコイを見つけたんで
捕《と》りに行くどって（行くどと）、わしに言《ゆ》うとったじゃないかい」

「……」

文吉は、三郎のその言葉にはっと気がつきました。昨日、学校からの帰り道、確《たし》かに三郎に明日魚捕《さかなと》りに行くと、自分の方から三郎を誘《さそ》っていたのです。

『しもた（しまった）そうじゃった……うーん』

今朝《けさ》は、これから完成《かんせい》する秘密作戦《ひみつさくせん》のことばかり考えていたので、文吉は三郎との約束《やくそく》をすっかり忘《わす》れていたのです。思わぬ展開《てんかい》になったことで、文吉は頭《あたま》を抱《かか》え込《こ》んでしまいました。親友との約束《やくそく》は守らなければならないし、自分の秘密作戦は、今日の日曜日中《じゅう》に完成しなければなりません。文吉は、またしても悩《なや》んでしまい、「フーッ」と大きなため息をつき頭がくらくらしてきました。

「わかった。ちょっと待《ま》っとれ」

文吉はそう言ってから、しかたなく渋々《しぶしぶ》と木小屋の戸をあけて出てきました。

「さぶちゃん、ごめん……えーと、今日はのう」

「今日は、なんじゃ。はようコイ捕《と》りに行こうで」

「コイ……あかんあかん（だめだめ）、コイは捕《と》ったらあかんのじゃ」

「なんでじゃ、きのうコイを捕りにいくゆうたんは文ちゃんじゃないかい」

「そうじゃけど、コイだけは捕ったらあかん魚なんじゃ」

「……」

「コイは……えーと、なんじゃったかいなあ」

文吉は、コイ捕りに行くことを、何とかやめる方法はないものかと考えていたのです。

「何のことじゃ」

「そ、そうじゃ。コイはな、神様《かみさま》のお使いじゃで捕《と》ったらあかんらしいど」

「阿呆《あほ》な、だれがそんなこと言《ゆ》うたんじゃ」

「……」

「コイはな、立身出世《りっしんしゅっせ》する見本《みほん》の魚じゃど。そじゃから(だから)、コイの滝登《たきのぼ》りにちなんで、子どものお祝《いわ》いに鯉《こい》のぼりがあるんじゃろが」

急《きゅう》におかしなことを言う文吉に、三郎は首をかしげていた。

「えっ、そうなんかい。おまえは何でもよう知っとるのう……いや、そんなことどうでもえんじゃ。うーん……ともかく……ともかく今日はあかんのじゃ、あかん」

文吉は、さらに語尾《ごび》を強めて言いました。

「何でよ、相撲《すもう》と魚捕《さかなと》りが飯《めし》より好きな文《ぶん》ちゃんが一体どうしたんじゃいや」

「……」

「なあ、どうしたんじゃいや」

三郎が、その理由《りゆう》を言えといわんばかりに、何度もしつこく聞きます。

「しょうがないのう。さぶちゃん、おまえには嘘《うそ》はつけんわい」

文吉は、丸刈《まるが》り頭をかかえこみながら、返答《へんとう》にこまって苦しまぎれにそう言わざるを得なかった。

「嘘《うそ》、いったい何のことじゃ」

「うん、おまえにだけは言うけど、たのむで家の者《もん》には黙《だま》っとって（だまっていて）くれよ」

文吉は、三郎にそっと耳うちして、自分がある秘密《ひみつ》のことをしようとしていること、そしてその理由を簡単《かんたん》にうちあけました。

「なっ、そうじゃでだまっとってくれ、たのむど」

「よっしゃ、わかった。そうゆうことかいや。文ちゃんらしいのう」

「そうか、わかってくれたか。すまんすまん。魚捕りは来週《らいしゅう》の日曜日にしょうや。ほんで、勝男や正夫らあも（たちも）誘《さそ》ちゃろう（さそってやろう）で」

「よっしゃ、わかった」

　文吉は、三郎が自分のやろうとしていることを理解《りかい》してくれたことにほっとしました。本当は、早いところ、昨日の朝に見つけた一メートル近くもある大きなコイを捕りに行きたかったのですが、やはり弟の望《のぞ》みを実現《じつげん》してやることの方が大事《だいじ》だと考えたのです。

「文ちゃん、そんならわしも手つどうちゃるわ（手伝ってやるよ）」

「えっ、そりゃあかんど。これはわしが一人でやらなあかんことなんじゃ」

　文吉は、三郎の申《もう》し出《で》はうれしかったのですが、弟の平吉のためだから、これだけは他人《たにん》の手をかりるわけにはいかないとの思いが強かったのです。

「なんでじゃいや、冷たいのう文ちゃん。わしらあ親友じゃないかい」

「親友でもあかんのじゃ。あかんゆうたらあかん」

文吉は「親友」という言葉には弱かったのですが、とにかく自分一人で完成して、弟を喜ばせたかったのです。

「相変わらず強情《ごうじょう》じゃのう……あっそうかい、ほんなら（それなら）文ちゃんの秘密作戦のことを家の人にばらしてもえんか（いいのか）」

「何じゃと、さぶ、ちょっと待《ま》て。おまえなんちゅうことを言《ゆ》うんじゃ。わしをおどすんかい」

文吉は、秘密作戦を知らされてしまうことにいら立ち、思わず「さぶ」と呼《よ》び捨《す》てにして声を荒《あら》げました。

「ほんなら、手伝わせるか」

「……」

三郎の「ばらす」の一言《ひとこと》に、文吉はその申し出を受け入れるかどうか考えこんでしまいました。

「さぶ、おまえきたないど」

文吉は、この秘密作戦は誰《だれ》にも絶対《ぜったい》ないしょにして、自分一人で完成させるつもりであったので残念《ざんねん》な気持ちがあったのです。

『あああっ、きのうからむずかしいことを考えてばっかしじゃ……どうしょうかなあ』

文吉は、腕組《うでぐ》みしながら、ものごとを判断《はんだん》する力がない自分に少し腹《はら》がたってきました。そして、これは相撲《すもう》をする腕《うで》の力とは違《ちが》うのだなと、おかしなことを考えていました。

「よっしゃ、わかった。手つどおてもらう（手伝ってもらう）。そうじゃから、絶対《ぜったい》に平吉や家のもんには言《ゆ》うなよ」

「わかっとる。言《ゆ》わせんて（言《い》わないよ）」

三郎が、了解《りょうかい》とばかりにうなずきました。それを聞いた文吉は、彼を木小屋《きごや》の中へと招《まね》き入れました。薄暗《うすぐら》い小屋に入った三郎は、小屋の中にある竹で作りかけた材料と大工道具を興味深《きょうみぶか》く見つめました。そして、文吉の秘密作戦をそれとなく理解《りかい》したのです。

文吉は、丸太《まるた》の椅子《いす》にどかりと腰《こし》をおろし、「鯉《こい》のぼり」作りという秘密作戦の内容をおおまかに説明していきました。三郎は、筵《むしろ》の上にあぐらをかいてすわりながら、文吉の説明をうなずいて聞いていました。

木小屋の外では、うるさいほどのスズメたちのさえずる鳴き声が聞こえてきました。

文吉は、大体《だいたい》の説明を三郎にしたあと、すぐに鉈《なた》で青竹《あおだけ》を割《わ》り、その竹をさらに二・三ミリぐらいに細くした「竹ひご」を器用に作りはじめました。三郎は、文吉が作ったその「竹ひご」を彼の言うように鎌《かま》でていねいに削《けず》っていきました。

六　残された家族の思い

　文吉たちは、木小屋で秘密作戦の作業を黙々《もくもく》と続けていました。そうした中、文吉は鯉《こい》のぼりを作る理由を確認《かくにん》するために、一つの疑問《ぎもん》を三郎に投げかけました。

「ところで、さぶちゃん。おまえんとこも鯉のぼりなんか無《な》かったわのう」

「あたりまえじゃ、そんなもん、あるわけないじゃろうが。文《ぶん》ちゃんかって、それぐらいよう知っとるじゃろが」

「そうじゃのう、そうじゃった。いや、ちょっと聞いてみただけじゃ。悪かった」

「だんない（かまわない）だんない、気にせんでもええど」

「そうかい」

文吉は、やはり余計《よけい》なことを聞いてしまったと思いました。なぜ彼がそのようなことを聞いたのかというと、自分と同じように家に鯉のぼりがないのは、父親がいないから買えないのではないかと考えたからです。そして、その時、ふと三年前の三郎の父政吉《まさきち》の葬儀《そうぎ》のことが頭に浮《うか》んでいたのです。同時《どうじ》に、いまだ戦地《せんち》から還《かえ》らない自分の父哲蔵《てつぞう》のことを考えていたのです。そのためか、文吉は、またしても三郎にあることを問《と》いかけました。

「さぶちゃんよ……」

「何じゃ」

少しおもいつめた表情《ひょうじょう》をして自分を呼《よ》ぶ文吉を、三郎は作業の手を休めて変な思いで見つめました。

「うーん……これは言《ゆ》うたらあかんことじゃけどのう……ほんでも（それでも）わし言《ゆ》うど……おまえ、父《とう》ちゃんが戦死《せんし》しておらんじゃろうが」

「……」

「わしの父《とう》ちゃんも、まんだ（まだ）戦地《せんち》からかえっとらんし、生きとんのか死んどんのかわからんじゃろ」

「そうじゃなあ」

「そんでのう（それでなあ）、さっきの鯉のぼりがない理由をな、父《とう》ちゃんがおらんさかいに買えんのじゃと平吉に言《ゆ》うてしもたんじゃ（言ってしまったのだ）」

「ほうか、そうじゃったんか」

「ほんでものう（それでもなあ）、わしは……わしはのう。ほんまは、父ちゃんが還《かえ》ってくるんじゃないかと思《おも》とるんじゃわ」

文吉は鉈《なた》を持つ手をとめて、三郎の顔を見つめながら真剣《しんけん》な表情《ひょうじょう》で言いました。

「ほうじゃなあ（そうだね）……文ちゃん、わしも文ちゃんのおっちゃんは、どっかで生《い》きとってんじゃないかな思《おも》とるんじゃわ。ようはわからんけどな」

「ほんまかい、さぶちゃん。ほんまにそう思《おも》てくれるこ（思ってくれるかい）」

文吉は、三郎の「生《い》きとってんじゃないか」という言葉が、胸《むね》に響《ひび》くほど嬉《うれ》しかった。

それは、そうあって欲《ほ》しいという自分の思いを力づけてくれたからです。

「さぶちゃん、おおきに（ありがとう）……ほんでも、おまえには辛《つら》いことを想《おも》い出《だ》させてしもたのう」

「ええんじゃ、気《き》にせんでもよいで……ほんでものう（それでもなあ）文ちゃん」

「うん、何じゃ」

「うちの母《かあ》ちゃんのことじゃけどな。あっと……これは、言《ゆ》わんとっかなあ（言わないでおこうかな）」

　そこまで言《い》ったあと、三郎は急に口を閉《と》ざしてしまいました。彼は少しとまどいながら、言うべきか言わざるべきかと迷《まよ》っているようでした。二人の間《あいだ》に、ほんの少し沈黙《ちんもく》の時間ができました。最初に口を開いたのは文吉でした。

「何じゃいや、さぶちゃん。何か知らんけど自分で言《ゆ》いだしといて……ほんで、おまえのかあちゃんがどうかしたんかい。おばちゃん、いっつも（いつも）元気で明るいおばちゃんじゃないかいや」

「ほんまにそう見えるかい、文ちゃん」

「あたりまえじゃ。見えるんに決《き》まっとるじゃろうが」

文吉は、三郎の母の君江《きみえ》が母の里枝《さとえ》と話をしている時、いつも元気だったことを想《おも》い出していました。君江は、いつも口に手をあてながら、明るく大きな声で「あははっ」と豪快《ごうかい》に笑うおばさんでした。そして、文吉にたいしても「文ちゃん、うちの三郎のこ
とたのむでーっ」と言って、いつも明るく話しかけてくれました。

「……」

文吉の自信《じしん》たっぷりのはっきりした返事《へんじ》に、三郎はとまどいの顔を見せました。

「文《ぶん》ちゃん……一番の親友じゃさかいに文ちゃんにだけは言《ゆ》うけどのう……頼《たの》むさかい、このことはみんなには絶対《ぜったい》に言《ゆ》わんといてくれいよ」

「あたりまえじゃ。絶対だれにも言《ゆ》うかいや」

文吉は、親友との秘密《ひみつ》は、どんなことがあっても言うつもりはなかった。

「そうじゃなあ、実《じつ》はなあ、文ちゃん……」

「……」

文吉は、三郎の悲しそうな顔を見て、何を言うのだろうかと少し心配になりました。

「文ちゃん、実《じつ》はなあ、わしの母《かあ》ちゃんのう（なあ）……」

「……」

「うん。今でも時々《ときどき》……ほんま時々じゃど……夜中《よなか》にのう、布団《ふとん》の中で『あんたー』ちゅうてな、大きな声出して泣《な》いとんじゃ」

「えっ……」

「昼間《ひるま》はたんぼや畑の農作業《のうさぎょう》で忙《いそが》しいさかいに、父《とう》ちゃんのことを忘《わす》れとるんじゃろうけど……ほんでもなあ、夜になったら……やっぱし一人じゃと淋《さみ》しなって、父《とお》ちゃんのことを想《おも》い出《だ》すんじゃろなあ」

「……」

「そんな母《かあ》ちゃんの泣《な》く声を聞いた時はなあ……文ちゃん……わしも……わしもな、布団《ふとん》の中でおんなじように、父《とう》ちゃんのことを想《おも》い出《だ》して泣《な》いとんじゃ……」

三郎はそれだけ言うと、淋《さび》しそうな表情《ひょうじょう》を浮《う》かべてうつむいてしまいました。

「……」

文吉は、三郎の話した内容に正直《しょうじき》とまどってしまいました。それは、まったく予想《よそう》もしなかったことであり、彼の辛《つら》くて悲《かな》しい事実《じじつ》だったからです。文吉はその時、三郎に何と声を返してやればいいのか、すぐに言葉《ことば》が思いつきませんでした。

「そうか、そうじゃったんかい、さぶちゃん」

「……」

「そうか、わし全然《ぜんぜん》そんなこと知らなんだんじゃわ。ごめんな、さぶちゃん……おまえ、ほんまに辛《つら》いんじゃのう」

文吉は、三郎の顔を見つめながら心をこめて言いました。

そして、文吉の頭の中には、三郎の父親の葬儀《そうぎ》の時の、あの悲しそうにしていた三郎と君江おばさんの姿が再び浮《うか》んできました。文吉は、三郎が言った秘密のことは、母の里枝にも絶対しゃべってはならないと思いました。

そして今度は、自分の母の里枝《さと》は、父のことをどのように思っているのだろうかと考えました。

『そうじゃ。そんなことやったら、わしの母《かあ》ちゃんかって……、そら、性格《せいかく》きついさかい、人には昼間《ひるま》は泣いとるとこを見せたことはないけど……ほんでも、夜、ふとんの中で「はーあっ」ちゅうて大きなため息《いき》をよう（よく）ついとるど……あれもやっぱし、父《とう》ちゃんのことを想《おも》い出《だ》して辛《つら》いんじゃないやろかなあ……そうか、やっぱし母《かあ》ちゃんらは、みんなあさびしい思いでおるんじゃなあ』

文吉は、男たちを兵士として送《おく》り出した女の人たちは、みんな泣いているのではないかと思ったのです。

夫《おっと》を戦地《せんち》へ送り出した妻《つま》、息子《むすこ》を戦地へ送り出した母、兄弟を戦地へ送り出した姉妹《しまい》、そして恋人《こいびと》を戦地へ送り出した女性《じょせい》など、女の人たちはみんな心の中で泣《な》いているのだということに気が付いたのです

『いや、違《ちが》う。そうじゃないど』

文吉は、一度はそう思ってうなずいたのですが、すぐに首《くび》を大きく横に振《ふ》っていました。それは、自分自身のことを考えてみた時、女の人だけでなく男の人たちも泣《な》いていることにも気が付いたからです。

『そうじゃ。兵士として出征《しゅっせい》する男の人を見送って、ほんで（それで）残された者《もん》は、みんな辛《つろ》て悲《かな》しい思いで生きているんじゃ』

祖父《そふ》、父親、子ども、そして兄弟たちも、女性と同じように泣いているのだと思ったのです。

しかし、文吉はそこでふと考えました。村では、兵士として出征《しゅっせい》する男たちの武運《ぶうん》長久《ちょうきゅう》（兵士として無事《ぶじ》に戦うこと）を祈《いの》るために、彼らが出征《しゅっせい》する前に近くの氏神《うじがみ》様へそろって参拝祈願《さんぱいきがん》します。父の時も、そして三郎の父親の時もそうでした。そして、出征の時、村人たちは、日《ひ》の丸《まる》の旗《はた》を振《ふ》りながら「万歳《ばんざい》」の声で彼らを見送《みおく》ったのです。

文吉は、父親の出征する時のことを想《おも》い出《だ》していました。文吉は、父哲蔵《てつぞう》の横に並んでその「万歳」の声を聞いた時、強く思ったのです。

武運長久
工藤政吉

『何で、「万歳《ばんざい》」なんじゃ……わしは、ちっとも嬉《うれ》しいことなんかないわい』

兵士《へいし》として戦場《せんじょう》に出かけていく父親にたいして、村人の「万歳」の声は、国のために戦う男に対する励《はげ》ましの意味がありました。それゆえ、それらのことは村人たちにとっては当たり前のこととして行われていたのです。

しかし、幼《おさな》い文吉の心には、大好きな父親を、戦争によって奪《うば》われる悲しみしかなかったのです。だから、文吉は「万歳《ばんざい》」の声を、どうしても受け入れることができなかったのです。

文吉は、そのような思いを持っていたので、父に次《つ》いで三郎の父政吉《まさきち》が出征《しゅっせい》する時、「万歳」をして見送ることができませんでした。特に、三郎が、姉と兄の横で悲しそうにうつ向く姿《すがた》を見た時、「万歳」はしてはならないと思ったのです。文吉にとって「万歳」というものは、喜《よろこ》びの時にするものだとの思いがあったのです。出征兵士《しゅっせいへいし》の家族の悲しそうな顔を見ていると、そのようにしか思えなかったのです。そうした思いがあったので、文吉は、日《ひ》の丸《まる》をかざして万歳を叫ぶ村人たちのうしろで、手を強くにぎりしめて立ちつくしていました。

文吉は、父の哲蔵が出征《しゅっせい》していく前夜、仏壇《ぶつだん》を前にして、家族全員に父が言った言葉と表情をおぼろげながらに覚《おぼ》えています。それは、祖父の龍蔵《たつぞう》の言葉に対《たい》する父の本心《ほんしん》（本当の心）についてです。

「哲蔵、おまえはこれで二度目の出征《しゅっせい》となるんじゃが、これはわしらの家族にとっては、ほんまに名誉《めいよ》でめでたいことじゃのう」

「……」

「天皇陛下《てんのうへいか》のために、お国《くに》のために、一生懸命《いっしょうけんめい》につくしてくるんじゃど」

「……」

「おまえは、我が家《わやが》の誇《ほこ》りを背負《せお》って出征《しゅっせい》するんじゃ。ほうじゃから（そうだから）立派《りっぱ》に戦《たたか》ってきてくれ」

「……」

父の哲蔵は、祖父のその言葉を、表情を変えずに黙《だま》って聴《き》いていました。

「あとのことは、心配《しんぱい》せんでもよい。わしらは、いっしょになってがんばるさかいのう」

その言葉を受けて、哲蔵は祖父に深く頭を下げながら感謝《かんしゃ》の気持ちを込めて言いました。

「おやじさん大変な時です。どうかみんなをよろしくたのみます」

「ああ哲蔵、心配するな。心おきのう（心おきなく）戦ってくることじゃ」

祖父の龍蔵がそう言ったときです。父の哲蔵が、少し考えるような仕草《しぐさ》をして言ったのです。

「……ほんでもなあ、おやじ……わしは……、わしはなあ。天皇陛下《てんのうへいか》のためじゃとか、お国《くに》のためじゃとかと思《おも》て戦《たたか》いに行くんじゃないんじゃわ」

「うんっ……」

祖父の龍蔵《たつぞう》は、息子の思いもよらない言葉にとまどい、黙《だま》り込んでしまいました。

「わしはなあ、おやじ……あえて言《ゆ》うんなら、家族のために戦いに行くんじゃわ……そうじゃから……じゃから、わしはな、こんな戦争で決《けっ》して死ぬわけにはいかんのじゃよ」

哲蔵は、一度目の出征《しゅっせい》によって、中支《ちゅうし》（中国の中部地方）で戦ってきたことを想《おも》い出していたのです。それは、皇軍《こうぐん》（天皇《てんのう》の軍隊《ぐんたい》という当時の言い方）と呼《よ》ばれた日本軍《にほんぐん》の、中国の民間《みんかん》の人たちに対して行った数々《かずかず》の残虐《ざんぎゃく》な行為《こうい》についてです。いくら戦争であるとはいえども、日本軍のそうした行為を、哲蔵はどうしても受け入れることも許《ゆる》すこともできなかったのです。

「……」

哲蔵のその言葉に、龍蔵は息子《むすこ》の顔を不安そうにじっと見つめました。

その当時、「天皇陛下《てんのうへいか》のため、お国《くに》のため」に戦うのでは無《な》いと言えば、「非国民《ひこくみん》」（日本国民ではない）あるいは「国賊《こくぞく》」（国を乱《みだ》す者）だとして、周囲《しゅうい》の人々《ひとびと》から厳《きび》しく非難《ひなん》されていたからです。場合《ばあい》によっては、警察《けいさつ》に逮捕《たいほ》され、監獄《かんごく》へ入れられることもあったからです。そして、家族も「非国民《ひこくみん》の家《いえ》」として非難《ひなん》されたのです。

文吉は、父のその自信《じしん》をもった言葉に胸《むね》が「どきん」となりました。父が言った言葉の意味はよくわからなかったのですが、「家族のために戦いに行く」ということに胸《むね》をうつものがあったのです。そして、「こんな戦争で死ぬわけにはいかん」と力を込めて言った時の父の顔は、これまで文吉に見せたことのない厳《きび》しいものでした。

「そじゃから、わしがもどってくるまで、みんなで力を合《あ》わせてがんばってほしい……里枝、母《かあ》さん。どうか文吉《ぶんきち》と平吉《へいきち》をよろしくたのみます」

哲蔵は、幼い二人の子どものことが一番の心残《こころのこ》りであったのか、そのことを告げて、妻と祖母フサにも深々《ふかぶか》と頭を下げていました。その後《あと》で、父は文吉の方を振《ふ》り向《む》いて、優《やさ》しくほほ笑《え》みながら言いました。

「文吉よ、母《かあ》さんの言《ゆ》うことをよお（よく）きいて、母《かあ》さんを助けるんじゃど」

「うん」

「それからのう、おまえは平吉の兄として、この子をわしの代《か》わりに大事《だいじ》にして守《まも》ってやってくれ」

父は、母の里枝に抱《だ》かれて、すやすやと眠《ねむ》っている赤《あか》ん坊《ぼう》の平吉を見つめながら、いとおしそうにそう言ったのです。

「……」

「ええか、頼《たの》んだど」

「……」

突然《とつぜん》の父の自分への依頼《いらい》に、文吉はすぐに返事ができませんでした。自信がなかったのではなく、父が自分に期待《きたい》をして、大切《たいせつ》な依頼《いらい》をしてくれたことに胸がいっぱいだったのです。

「どうじゃ文吉、おまえできるな」

「できる。父ちゃん、ぼくが平吉を守《まも》っちゃる」

「うれしいのう文吉、おまえならきっとできる。わしがもどって来るまでしっかりがんばるんじゃど」

父の言葉に、文吉は大きくうなずいていた。

「そのかわり、父《とう》ちゃん」

　文吉は、自分の一番の望《のぞ》みを伝えようとしました。

「なんじゃ」

「絶対《ぜったい》に死んだらあかんで」

「……」

「生《い》きて還《かえ》らなあかんで、それをぼくに約束《やくそく》してくれ」

　文吉は、父哲蔵の眼をにらみつけるようにして、膝《ひざ》を強くにぎりしめて言いました。

「ああ、文吉。父《とう》ちゃんは絶対《ぜったい》に死にゃせん。必ず、おまえたちのとこへもどってくる。それを約束するど」

　そう言って、父の哲蔵は笑顔《えがお》で文吉にうなずいたのです。

「さぶちゃん。おまえ、ほんまに辛《つら》いんじゃのう」

「……」

「戦争さえなかったら、おまえの父《とう》ちゃんは死なんですんだんじゃもんのう（死ぬことはなかったのだ）」

「そうじゃ、文ちゃん。そうなんじゃ。ほんまにそうなんじゃ。そじゃから、わしは……わしは戦争が大嫌《だいきら》いなんじゃ」

三郎は、文吉の言葉に、そうだとばかりに力を込《こ》めて言いました。

「わしもじゃど、さぶちゃん」

文吉もまた、三郎の思いに応《こた》えてやるかのように大きな声で言いました。

「そうじゃろ」

「うん、そうじゃ。おまえの父《とう》ちゃんの命《いのち》をとったんは（奪《うば》ったのは）戦争じゃど。命ちゅうのは、一番大事《だいじ》なもんなんじゃ」

「いのち」

三郎は、文吉の思いもよらない言葉を聞いて、一瞬《いっしゅん》、「なに」とその意味を考えたようでした。

「おまえの父《とう》ちゃんは、戦争があったさかいに（ので）死んでしもたんじゃ。死んでしもたら……もう命はもどらんもんのう（もどってこないからなあ）」

「そうなんじゃ文《ぶん》ちゃん。わしの父《とう》ちゃんは、もうおれへんのんじゃ（いないのだ）、わしの家におれへんのじゃ」

「うん、そうじゃなあ」

「そじゃから、もう父《とう》ちゃんは、子どものわしに『三郎』ちゅうて言《ゆ》うてはくれへんのじゃ。そんなあほなことあるかいや」

「そうじゃ、そうじゃのう、さぶちゃん。人の命《いのち》って一《ひと》つしかない大事なもんじゃもんのう」

「そうじゃ、そうじゃよなあ文ちゃん。文ちゃんのゆうとおりじゃで」

「うん……そうじゃのに（それなのに）、なんで大人《おとな》は殺し合いの戦争なんかするんじゃろのう」

文吉は誰《だれ》に言うともなく、何気《なにげ》なくつぶやいていました。

そして、文吉はしばらくその理由《りゆう》は何だろうと考えていました。しかし、正直《しょうじき》なところその理由はいくら考えてもわかりませんでした。聡明《そうめい》な三郎にも、そのことは分からなかったのか淋《さび》しそうに下を向いて黙《だま》っていました。

二人は、しばらく作業の手を休めて、ぼんやりと窓《まど》の外を見つめていました。木小屋《きごや》の外では、柿《かき》の木に群《む》れる雀《すずめ》たちの、相変《あいか》わらずにぎやかなさえずりがありました。

七　鯉のぼりと家族の顔

文吉たちにとって、木小屋《きごや》は、秘密計画を実行するための重要《じゅうよう》な基地《きち》でした。作業《さぎょう》途中《とちゅう》で、二人の父親たちについてかなり深刻《しんこく》な話となっていたのですが、時間がありません。そのことはひとまず置いて、再び作業に集中していきました。

彼らは、すでにできあがった大小さまざまな竹を組み合わせて、鯉《こい》のぼりの土台となる骨組《ほねぐ》みを作ることから始めました。

まず、背骨部分《せぼねぶぶん》となるものは、太くて長い竹を使いました。それを基本の背骨として、細い「竹ひご」を長さ調節して縦《たて》と横に組み合わせます。それから、うまくコイの形となるように骨組《ほねぐ》みを調節《ちょうせつ》して、「竹ひご」を凧糸《たこいと》で結《むす》んでいきました。特に外側の竹ひごは、魚の形に丸みをつけるように曲《ま》げてから結びます。曲げるのは文吉の役割で、彼は器用にろうそくの炎《ほのお》に竹をあてながら調節して曲げていきます。

「文ちゃん。うまいなあ」

文吉の作業ぶりを見ていた三郎が、感心して驚きの声をあげました。

「何を言《ゆ》うとる……こんなことぐらいで」

文吉は、常識だとばかりの表情で平然と言いました。そして、それらをうまく組み合わせて、コイの骨組みを完成させました。

次の作業は、出来上がった骨組みに新聞紙を貼《は》り付《つ》けていきます。ただし、頭の部分にだけは、習字用の半紙を貼り付けることにしました。それには、文吉のある思いが込《こ》められていたのです。

「文ちゃん、貼《は》り付《つ》けるんには、ぎょうさん（たくさん）の『のり』がいるけど、どうするつもりなんじゃ」

心配そうな顔をして三郎が尋《たず》ねました。

「まかせとけって。心配《しんぱい》せんでもよい」

文吉は、自信たっぷりにそう言うと、すぐに母家《おもや》にとんで帰りました。しばらくして、彼は手に麦飯《むぎめし》をどんぶり鉢《ばち》に半分入れてもどってきました。片方の手には湯《ゆ》を入れたやかんとしゃもじを持っていました。

「何をするんじゃ」

「ええから、だまって見ちょれ」

文吉はそれだけ言うと、さっそく自作《じさく》の「のり」作りを開始しました。彼は、どんぶり鉢《ばち》の麦飯に少しずつ湯を注《そそ》ぎながら、ゆっくりとしゃもじで押さえつけ、かきまぜながら麦飯を練《ね》り込《こ》んでいきました。しばらくすると、麦飯でつくった文吉の特製《とくせい》「のり」が完成しました。

「へーえ、文ちゃん何でも出来るんじゃなあ」

文吉の物知《ものし》りと器用《きよう》さに、眼《め》を丸くして驚《おどろ》いた三郎です。

「何を言《ゆ》うとるんじゃ、さぶちゃんよ。こんなことは常識《じょうしき》じゃど。誰《だれ》でも知っとることじゃでよ。わしはのう、母《かあ》ちゃん、じいちゃん、ばあちゃんたちが、自分で出来ることは何でも教えてくれるんじゃわ」

「へーえ、ええのう（いいなあ）」

「さぶちゃん、おまえ勉強はできるけど、あんまり生活のことを知っとらんのう」

文吉は、これぐらいのことは当たり前のことだと、今度も平然《へいぜん》と言いました。付け加えてこうも言いました。

「ただし、白《しろ》ごはんだけじゃったらもっときれいにできるんじゃけどな、麦のまざった麦飯ではうまいことできんのじゃ」

「……」

「つまりじゃな、『のり』として大事なねばりができんのじゃ」

「……」

「ほれ見てみい。麦の固《かた》いとこがつぶつぶで残っとるじゃろう。まっ、しょうがないけどこれでも上出来《じょうでき》じゃ」

「ふうーん」

「そう感心《かんしん》すんなよ……ほんじゃ、新聞紙と半紙を貼《は》っていくで、さぶちゃんよ、がんばって手伝《てつど》うてくれよ」

「うん、わかった」

文吉は、「のり」の説明のあと、次から次ぎへとてきぱき三郎に指示《しじ》を出していきました。

それから二人は、古新聞《ふるしんぶん》を「ガサガサ、ゴソゴソ」とさせながら、夢中《むちゅう》で時間を忘れて作業を進めていきました。やはり、一人でするよりも作業の能率《のうりつ》があがります。そして、文吉は、三郎にこうしたらどうだとか言いながらもハサミで新聞紙を切り、それを器用に骨組みに大胆《だいたん》に貼《は》り付けていきました。張《は》りぼての鯉のぼりが次々に完成していきます。

次の段階《だんかい》は、鯉のぼりの胴体《どうたい》部分に赤や青の色を塗《ぬ》る作業です。しかし、ここにきて文吉は、はたと頭を抱《かか》え込み困《こま》った顔をしました。それは、コイの胴体《どうたい》をぬるだけの絵《え》の具《ぐ》を文吉は持っていなかったからです。

「うーん……」

「どうするんじゃ、文ちゃん。わしかって、家にようけ（たくさん）絵の具は持っとらんど」

はじめて、秘密作戦に難問《なんもん》が出てきたことに、三郎が心配そうに尋《たず》ねます。

「よっしゃあ、色つけはもういらんわい。新聞紙を貼るだけで上等じゃ。古新聞で作るさかいに（作るので）、それはわしらの鯉のぼりに合《お》うとる（合っている）と思うんじゃ」

しばらく考え込んでいた文吉でしたが、さらりと、すっきりとした顔で言いました。

「えっ、文ちゃん、本気かい」

「もちろん本気じゃど。今は色をつけることは、どうでもええんじゃ……それは後《あと》からでもぬれるでのう。鯉のぼりが買えんさかいに……じゃからこそ（だからこそ）、わしらだけの特製《とくせい》の鯉のぼりを作っとるんじゃないかい……なっ」

「んっ」

「ほんでのう、墨《すみ》でうろこを書いたらえんじゃけど、かえってごちゃごちゃするで、もう新聞紙を張《は》るだけにしとこうや（しておこうや）」

三郎は、文吉の思いつきに首をかしげたのですが、確《たし》かに自分たちの鯉のぼりにはそれがふさわしいのではないかとも思うのでした。

「よっしゃ、さぶちゃん、それでいこ（いこう）。その代《か》わり、えらとしっぽの部分には半紙を使《つこ》うて、そこに墨《すみ》で書いていこ。ほんなら、ちょっとはコイらしゅう見えるじゃろう」

「おもろい（おもしろい）、それでいこ」

文吉がうなずきました。

さっそく、二人はえらとしっぽに半紙をその形に切って貼《は》っていきました。そして、いよいよ最終段階《さいしゅうだんかい》の作業となりました。頭の部分に、コイの顔を描《か》く段階《だんかい》です。

図画《ずが》も得意な三郎が、さっそく筆《ふで》を持って描《か》き始めようとしました。

「ちょっと待て、待つんじゃ……さぶちゃん、それだけはあかん。絵はわしが描《か》くさかいに、おまえはだまって見とれ」

　それを見た文吉が、大きな声を出して止《と》めました。

「えっ、文ちゃん、おまえ絵はへたくそじゃったやろう」

「やかましいわい、へたくそでもなんでもこれだけはわしが描《か》くんじゃ。描《か》かなあかんのじゃい」

　文吉は、そう言うと同時に、三郎の手から強引《ごういん》に筆《ふで》を奪《うば》い返していた。

「あいかわらずのくそ力じゃのう」

「いらんことを言《ゆ》わんでもよいんじゃ……まっ、ほんでもな、さぶちゃんよ。おまえがここまで手伝うてくれたことは、わしな、ほんまにありがたいとおもとるんじゃど」

「そうか」

「うん、そうじゃ。けどのう、このコイの顔と姿を描《か》くんは、わしにしか描《か》けん絵なんじゃよ。なんぼおまえが絵を描《か》くんが上手《じょうず》でも」

「それ、どういうことじゃ」

「まあ、見とったらわかるで黙《だま》って見とれよ」

「文ちゃんゆうとる意味がわからんで」

けげんそうな顔をしながら、三郎は文吉の言うことを考えたのですが、まったく想像《そうぞう》できませんでした。

「そじゃから、黙って見とけ言《ゆ》うたじゃろうが」

「……」

「さぶちゃん、なんでわしがわざわざ大小の六ぴきのコイをつくったと思うんじゃ」

「……」

作業中、三郎はコイが六ぴきも作られていることが、なぜか不思議《ふしぎ》だったのです。でも、この秘密作戦の「司令官《しれいかん》」は文吉だったので、彼の考えを尊重《そんちょう》して黙《だま》っていたのです。

「これはのう……実《じつ》はわしの家族の人数《にんずう》と同《おん》じなんじゃよ。ほんでな、コイの顔にわしの家族の顔を描《か》くちゅうことは、とうの昔（ずっと前）に決めとったことなんじゃ」

「……」

「そうじゃから、これはおまえには絶対描《か》けんのじゃ。ちがうか」

「そうか、そうじゃったんかい。ごめんな文ちゃん。そりゃ、わしには無理《むり》じゃなあ。ほったら（そしたら）あとはまかしたわ」

頭の回転《かいてん》が速い三郎は、文吉の思っていることがすぐに理解《りかい》できたのです。彼が、家族五人、いや父親を入れて六人の顔を、自分の手で思いを込めて描き上げようとしていることに気付《きづ》いたのです。

「すまんのう、さぶちゃん。そういうことじゃで、意味が分《わ》かったんなら、おまえは、えらとしっぽをきれいに墨《すみ》で描《か》いてくれいや」

「えっ、それだけでええんか」

「ああ、悪いけど頼《たの》むわ……けど、じゃからとゆうて手ぬくなよ」

「あたりまえじゃ。色の無い鯉のぼりじゃ。せめてえらとしっぽには心をこめてやらんとな」

「すまんのう。ほんなら頼《たの》んだど、さぶちゃん」

そう言ってから、文吉はよし見ておれよとばかりに腕組《うでぐ》みをして、硯《すずり》に力を込めて墨《すみ》をつくりはじめました。そして、たくさんの墨作《すみづく》りを終《お》えると、「よっしゃあ」と腹の底から声を出して、筆《ふで》を力強くにぎりました。

文吉の絵は、三郎から見ても、けっして上手《じょうず》とは思えませんでした。しかし、彼は真剣な表情になって、半紙を貼《は》りつけたコイの頭部分に、ていねいにていねいに家族一人《ひとり》ひとりの顔を思い浮かべながら描《えが》いていきます。彼のその姿は、まるで相撲《すもう》をとっているような力強い筆使《ふでづか》いでした。三郎は、そんな文吉の姿を見て、本当に、絵と相撲《すもう》をとっている気迫《きはく》を感じ取っていました。

「文ちゃん、やるなあ」

「……」

筆をにぎる文吉は、もう三郎の声も耳に入らないほどの真剣《しんけん》さで絵と向かい合っていました。

木小屋《きごや》の中から、二人がしゃべる声を聞きつけた平吉は、またしても、その様子が気

七　鯉のぼりと家族の顔

になったのか、「兄《にい》ちゃん入るで」と声をかけて木小屋に入ろうとしました。

「あかんっ、平吉、入ったらあかんど（だめだぞ）」

今度も、文吉は扉《とびら》を少しだけあけ、首だけ出して強く言いつけました。そして、また「バタン」と勢いよく扉《とびら》を閉めてしまいました。弟をいま木小屋に入れてしまうと、今まで内緒《ないしょ》にしてがんばってきた秘密作戦の意味がなくなるからです。

平吉は、そんな兄の真意《しんい》を知らないので、自分だけを冷たくする兄の態度《たいど》に、またしても淋《さび》しくて泣きたくなりました。そして言いました。

「ほんなら、なんでさぶちゃんがいっしょにおるんじゃ……さぶちゃんは入《い》れて、なんで弟のぼくは入れへんのじゃ」

「……」

文吉は、弟に痛《いた》いところをつかれて返答《へんとう》が出来ませんでした。彼は、平吉の質問《しつもん》にいつも返答できないことで、ほとほと疲《つか》れていました。

「こいつとは、学校の宿題をいっしょにしとんじゃ（しているのだ）。何にもおかしいことあれへんじゃろが（ないだろうが）」

とにかく、文吉は、弟を木小屋に入れないために出《で》まかせを言うしかありませんでした。

「ふーん、そうなんか」

平吉がそれならば仕方《しかた》がないなあと、意外《いがい》にも簡単《かんたん》に引き下がったことで、文吉はまたしても後悔《こうかい》していました。そして、弟に嘘《うそ》をついてしまったことで、またしても頭がくらくらしてきたのです。

『ふーっ、嘘《うそ》をつくんはいやじゃなあ。ほんまに疲《つか》れる』

心の中で、正直《しょうじき》ものの文吉は独《ひと》りごとを言っていました。

とにかく、秘密作戦を完成させるための時間は残り少なくなっています。文吉は、自分の分担《ぶんたん》の顔部分に全力を注《そそ》いでいきました。しかし、家族一人ひとりの顔を描《えが》くことの難《むずか》しさに、何度も何度も筆を置き、腕組《うでぐ》みをして考え込む時が多くなりました。

特に、父哲蔵《てつぞう》の顔を描《えが》くことが難《むずか》しかったのです。その父が、出征《しゅっせい》して行ったのはもう五年前のことです。それは、文吉が小学校へあがる前のことで、現在の平吉と同じ年齢《ねんれい》の時でした。それゆえに、文吉の記憶《きおく》の中では、父の顔を一つひとつはっきりと想《おも》い出《だ》せなくなっていたのです。それでも、これは絶対《ぜったい》に自分でやりぬかなければならないと決めていました。

文吉は、何度も腕《うで》を組んで考え込みながらも、自分の記憶《きおく》をたよりに父の顔を想い浮かべようとしました。居間《いま》に飾《かざ》ってある父の写真は、軍服姿《ぐんぷくすがた》だったので、なんだか他人のような気がしていたのです。そこで文吉は、父が出征する直前《ちょくぜん》、「弟を守れ」と言ったその顔を何とか想《おも》い出そうとしていました。その時の父は、ほほ笑《え》んでいたようだったけれども、鯉のぼりには強い父親を描《えが》こうと考えていました。そうでないと、苦難《くなん》をのりこえた強い父が還《かえ》ってこないのではないかと思ったからです。

「よーしっ」

ついに、文吉の頭の中に、父哲蔵を描《えが》こうとする一つの顔が浮かびあがりました。彼はそれが消えないうちに、すぐに筆に墨《すみ》をたっぷりとつけると、一気にその筆を走らせていきました。

外は夕闇《ゆうやみ》がせまり、木小屋《きごや》の中をしだいに薄暗《うすぐら》くしていきます。そして、母のつくる夕食の、野菜《やさい》を煮込《にこ》むおいしそうな臭《にお》いが小屋の中までただよってきました。

その日の夕食の時です。

「文吉よ、今日は朝から一日中、木小屋に入り込んで一体何《いったい》をしとるんじゃ。平吉にも、母《かあ》ちゃんらにも内緒《ないしょ》にして何をするつもりじゃ」

平吉から、文吉の行動を聞いていた母の里枝が彼にきつくたずねました。

「……」

それでも、これだけは誰《だれ》にもいえない秘密《ひみつ》だったので、彼はむっとした顔つきで、黙って答えませんでした。

「平吉には、言《ゆ》うちゃってもええじゃろが」

「あかん、平吉にも、母《かあ》ちゃんにも誰にも秘密じゃ」

「あいかわらず強情《ごうじょう》な文吉じゃのう」

「……」

「そうかい、おまえがそこまで言《ゆ》うんならしょうがないのう。平吉、兄《にい》ちゃんの秘密じゃそうじゃで許しちゃれ（許してやれ）」

　母の里枝は、文吉が一度言い出したらどうしてもきかないこと、そして言ったことは最後までやりぬくことを新聞配達の件《けん》でもよく知っていました。それだけに、彼が何をしようとしているかはわからなかったけれども、その秘密のことを大切にしてやろうと考えたのです。

　その時です。文吉が、何かを思い出したように祖父の龍蔵《たつぞう》に尋《たず》ねていました。

「じいちゃん」

「んっ、なんじゃ」

「太《ふと》い針金《はりがね》はどこにあったんかいなあ」

「針金……それはおまえ、木小屋の中にあるじゃろうが、見《み》んかったんかい。それがどう

かしたかい」

突然《とつぜん》におかしなことを尋《たず》ねる文吉に、祖父《そふ》の龍蔵が問うた。

「あっ、そうじゃったなあ。うん、そうか。ほんならええんじゃ」

文吉は、何度も納得《なっとく》したようにうなずいていました。それは、鯉のぼりを針金に結びつけて、空に泳《およ》がせるために無《な》くてはならないものだったからです。

龍蔵は、言葉をあいまいにして答えない孫《まご》に、「秘密じゃ」と言ってまで内緒《ないしょ》でやろうとしているその熱意《ねつい》を感じ取りました。そして、そんな孫の「秘密」に、祖母《そぼ》のフサと顔を見合わせながらにこにこと笑っていました。その時です。突然、母の里枝が文吉に尋《たず》ねました。

「それとなあ文吉《ぶんきち》、おまえ、さっきから何回もうしろを振《ふ》り返《かえ》っとるけど、いったい何を見とるんじゃ。ちょっとおかしいど」

「な、なんでもないわい」

母の突然《とつぜん》の問いかけに、彼は胸《むね》がドッキンとしました。秘密作戦を気付《きづ》かれたのではと思ったのです。

「おかしな子じゃなあ。ほんまに」

「……」

実《じつ》のところ、文吉は箪笥《たんす》の上に飾《かざ》ってある父の写真を、先ほど自分が描《えが》いた父の顔と比較《ひかく》するかのように確認《かくにん》していたのです。大事なことだったので少しばかり気《き》になっていたのです。

文吉は、夕食を終えると、秘密作戦の最終段階を完成させるために、再び木小屋の中に入り込んでいきました。最後の仕上げは、三郎に手伝わさず自分一人でやることに決めていたのです。三郎もそれを了承《りょうしょう》していました。

木小屋の中から、またしても「カリカリ」・「ゴシゴシ」というのこぎりを引く音が響《ひび》いてきました。太陽はとっくに西山《にしやま》に沈み込み、木小屋の中はすっかり暗くなってしまいました。

文吉は、木小屋にろうそくの灯《ひ》をともし、そのうす明かりのもとで黙々《もくもく》と熱心に作業を続けていきました。彼は必死だったのです。

『これは、どうしても今日中に作るんじゃ。作らんとあかんのじゃ。待っとれよ、平吉』

彼の頭の中には、平吉を喜ばしてやりたいというただ一つの思いしかなかったのです。そして、真剣《しんけん》な表情で最後の仕上げに取り組んでいきました。

途中《とちゅう》、なかなか母屋《おもや》に帰ってこない文吉を心配して、母の里枝が木小屋にやってきました。そして、外からやさしく彼に声をかけました。

「文吉や、明日《あした》の新聞配達もあるさかい、そろそろ終わりにせんとあかんど（だめだよ）」

「わかった。もうちょっとで終わるで、母《かあ》ちゃん先《さき》に休んどって」

「ほうかい、わかった。ほんでも無理したらあかんど」

「うん」

文吉は、母が自分を心配しているその言葉を聞いてとても嬉《うれ》しく思いました。自然と作業する手に力がこもりました。

フクロウの「ホウー、ホウー」と鳴《な》く声が聞こえる真夜中《まよなか》、ようやくにして文吉の秘密作戦が完成しました。彼にとって、本当に長い長い一日が終わりました。

『できたーっ、できたどー』

文吉は、心を込《こ》めてつくりあげた完成品を見て、その努力《どりょく》が報《むく》われた喜びから、満面《まんめん》の笑《え》みを顔いっぱいに浮かべました。それから、無言で万歳の仕草《しぐさ》をして両手をあげていました。

そのためだったのでしょうか、文吉にとっては、近くの森の中から聞こえてくるフクロウの鳴き声がいつもと違《ちが》って聞こえてきました。いつもは、もの悲しくそしてさびしく聞こえていたその鳴き声が、今日はおだやかでそしてやさしく響《ひび》いてきたのです。それは、まるで「おつかれさん」と自分をねぎらってくれているように聞こえてきたのです。

八　「屋根《やね》」より高い鯉《こい》のぼり

月曜日の朝、文吉にとって、いよいよ秘密作戦の最終日《さいしゅうび》です。

その日、文吉は、いつもより早く新聞配達へと出かけて行きました。帰宅《きたく》が遅《おそ》くなると、秘密作戦が実行《じっこう》できないからです。

その日の文吉は、母に起こされることなく自《みずか》ら四時にガバッと起きて、元気よく販売店へと出発して行きました。外はまだ真《ま》っ暗闇《くらやみ》で肌寒《はださむ》く、濃《こ》い霧《きり》があたり一面《いちめん》に立ちこめていました。そのために、数メートル先の道路もよく見えませんでした。自転車のライトによって、霧があたりをぼんやりと白く輝《かがや》かせていました。

霧の中、文吉はペダルに力をこめ、新聞販売店へとスピードをあげて向かいました。

幸《さいわ》い、その日、新聞輸送《ゆそう》のトラックは早々《そうそう》に到着《とうちゃく》していました。

文吉は、配達の準備を整《ととの》えると、急いで自転車にとび乗り販売店を出発しました。そして、途中から一番配達が遠い山奥の杉谷《すぎたに》村へと向かいました。

村へ行くには、登りの坂がきつくまた長い距離《きょり》のために、自転車に乗ってペダルをこぐことはとても出来ません。「ふーふー」「はーはー」と息《いき》を苦しそうにはき出しながら、彼は自転車を引《ひ》っ張《ぱ》り走っていきました。

杉谷《すぎたに》村は、段々畑《だんだんばたけ》の中に家があちらこちらとまばらに点在《てんざい》しており、一軒《いっけん》一軒の距離が長くて配達するには大変な時間がかかります。そして、急な坂道ばかりなので本当に疲《つか》れるのです。でも、その日の文吉は、そんなことをまったく感じませんでした。なんだか心がホッカホッカしていたのです。彼は、いつもより速《はや》く走りながら、自《みずか》ら「いっちにい、いっちにい」と元気にかけ声を出して配達して行きました。

そして走りながらも、頭の中では、秘密作戦の最後をどのようにするかをずっと考えていました。

杉谷村での配達をあまりにもがんばりすぎたのか、文吉の額《ひたい》には遅《おそ》い春だというのに、途中《とちゅう》から汗《あせ》がたらたらと流れ落ちました。下着のシャツが、びっしょりと濡《ぬ》れているのがわかりました。

杉谷村での最後の配達を終えた時、朝霧《あさぎり》の中、村を取り囲む杉林《すぎばやし》の上からようやく朝日が登りはじめ、あたりが急にぱっと明るく輝《かがや》いてきました。その時、自分の一つの仕事をなしとげた文吉は、「はーっ、終わった」と、ほっとした表情《ひょうじょう》でつぶやいていました。それは、苦しかった杉谷村での配達作業が、ようやく終わった大きな喜びでもあったのです。

早朝《そうちょう》の山から吹《ふ》き下《お》りる冷たい風は、汗《あせ》にまみれた文吉の顔をさわやかに通りすぎていきました。文吉は休む間《ま》もなく、鼻唄《はなうた》を口ずさみながら、残りの配達先へと元気に向かって行きました。

「帰《かえ》ったでーっ」

「おかえり……あれ、文吉《ぶんきち》。ずいぶんと早かったじゃないかい。配達のほう間違《まちが》えんとちゃんと配《くば》ってきたやろな」

彼の元気な声に応《こた》えて、母里枝が笑顔で迎《むか》えました。

「あたりまえじゃろ母《かあ》ちゃん、そんなこと心配《しんぱい》せんでもよいって（いいよ）」

「そうじゃのう、おまえは責任感《せきにんかん》が人一倍つよいさかいのう。母《かあ》ちゃんもだいじょうぶじゃとは思《おも》たんじゃけど……けどな、今日にかぎって母《かあ》ちゃんが起《お》こさんでもおまえが自分で早う起きてきたさかいに、一体《いったい》どうしたんじゃろかと不思議《ふしぎ》に思《おも》たんで聞いたんじゃ」

「うん、まあな……ちょっとせなあかんことがあったんじゃ（しなければならないことがあったのだ）……別《べつ》にどおってことないで（特に変わったことはないよ）、ほんまに母《かあ》ちゃんは心配性《しんぱいしょう》じゃなあ」

「ははっは。ほんまじゃのう」

文吉が自信をもって答えるのを聞いた里枝は、ほっとして笑っていました。

そのあと、文吉は急いで木小屋《きごやとこ》に飛び込み、昨日から考えていた秘密作戦の最後の実行に取りかかりました。

文吉のその作業を、朝食の準備《じゅんび》をしていた里枝が、台所の窓《まど》からそっと見ていました。そして、彼女は文吉のニワトリ小屋での作業を見ながら、にっこりとうなずいていました。

『文吉のやつ……そうか、そうじゃったんかい。みんなに内緒《ないしょ》でそれを作っとったんか……やっぱし、あの子らしいなあ』

母の里枝は、にっこりと笑いながら彼の作業する姿を見つめていました。そして、昨日からの文吉の思いがわかったことで、彼女は見て見ない振《ふ》りをしてやることにしました。そして、「がんばれ、文吉」と、嬉《うれ》しそうに小さくつぶやいていました。

「よっしゃあ」

文吉が、秘密作戦の最後となる六ぴきの鯉のぼりを竹にくくりつける作業を終《お》え、嬉《うれ》しそうに両手を握《にぎ》って振《ふ》り下《お》ろしたその時です。ちょうど北山《きたやま》の方から、大江山《おおえやま》おろしの強い風がニワトリ小屋にむかって吹《ふ》き降《お》りてきました。

『ええど、ええど。風さんもっともっと強《つよ》う吹《ふ》いてくれよ』

文吉は、鯉のぼりをあげるには、風が強く吹くことが何よりも力になると思ったのです。

そこへ三郎が、秘密作戦の結果がどうなったか気になり、ニワトリ小屋へと息《いき》をはずませてやってきました。

「おう、さぶちゃんか。秘密作戦の完成《かんせい》じゃど。ほれ見てみぃよ」

文吉の自信たっぷりの声とその指差《ゆびさ》す方向を、三郎が思わず見上げました。

「おーっ、すっごい、すっごい。すごいのう文ちゃん」

ニワトリ小屋の上に高々《たかだか》とあがる鯉《こい》のぼりを見て、三郎が驚《おどろ》きの声をあげました。彼は、かなり興奮《こうふん》しているようでした。

「そうじゃろ」

「うん、これはええど、文ちゃん。最高《さいこう》じゃのう」

「さぶちゃんのその言葉、嬉《うれ》しいのう。そうじゃ、わし平吉を起《お》こしてくるさかい、ちょっと待っとってくれ」

彼はそういい残して、すぐに弟を起《お》こすために母屋《おもや》へとんで帰りました。


「平吉、起きい」

「……」

「こらあ、何寝《ね》ぼけとるんじゃ。早《はよ》う起きんかいや」

そう言うやいなや、文吉は布団《ふとん》から出ようとしない平吉の布団をガバッと無理《むり》やりはねのけていました。

「なんじゃあ、兄《にい》ちゃん。何するんじゃ」

「ええから、ええから。早《はよ》う起《お》きいって」

文吉は、問答無用《もんどうむよう》とばかりに、弟の身体《からだ》を引《ひ》っ張《ぱ》り起こしました。そして、すぐに寝巻《ねま》き姿《すがた》のままの平吉の手をとり、強引《ごういん》に裏庭《うらにわ》のニワトリ小屋の前に連《つ》れていきました。

平吉は、兄に手を引かれるまま、眠《ねむ》そうに眼《め》をこすりながらにわとり小屋の前に立ちました。

「あれ、さぶちゃんどうしたん」

平吉は、三郎が裏庭にいることに気付《きづ》いて不思議《ふしぎ》に思ったのです。それから、ゆっくりと三郎が見上《みあ》げているニワトリ小屋の方向に、丸くした眼を向けていきました。そして、しばらく眠けがとれずにぽかんしていたのですが、目の前に広がる思いもよらない光景《こうけい》を見て、彼は驚《おどろ》きの声を突然《とつぜん》張《は》り上《あ》げました。

「あーっ、鯉《こい》のぼりじゃー」

そして、自分の眼をこすりながら、ニワトリ小屋の上をじっと食入《くいい》るように見つめたのでした。

平吉の眼の前には、霧《きり》がはれあがった青空を背景《はいけい》にして、北からの強風《きょうふう》を受けた六ぴきの鯉のぼりが、大きく空になびいていました。それは、まるで大河《たいが》の中を、ゆうゆうと泳《およ》ぐ仲《なか》のよい鯉の家族の群《むれ》のようでした。

「そうじゃ平吉、おまえが欲《ほ》しがっとった屋根より高い鯉のぼりじゃ。わしら家族の鯉のぼりじゃど」

「うん、そうじゃなあ」

「そうじゃ、ニワトリ小屋の屋根よりも高い鯉のぼりじゃど」

文吉は、弟の喜ぶ姿を見て、『どうじゃ』とばかりに自信をもってこたえていました。

その鯉のぼりは、昨日、三郎と共《とも》に作りあげた秘密作戦による苦心《くしん》の作品でした。

「兄《にい》ちゃん、すっごいなあ。これはどこの家の鯉のぼりよりもすごいでー」

平吉は、かわいい目を丸《まる》くし、口を大きくあけてすなおに喜びを表現《ひょうげん》しました。

「そうかい、ええじゃろう。さぶちゃんも手伝《てつど》うてくれたんじゃど」

「ふーん、そうなん。さぶちゃん、おおきに（ありがとう）」

「平《へい》ちゃん、よかったのう。おまえの兄《にい》ちゃんはすごいのー……どうじゃ、ええじゃろう」

「うん、ええ……ほんでも（それでも）この鯉のぼりの顔、ちょっとおかしいで」

「……」

「それに、何で一《いち》……二《にい》……三《さん》……ぜんぶで六びきもおるんじゃい」

平吉は首をかしげて、ニワトリ小屋の上にたなびく鯉のぼりの数を、指《ゆび》を折《お》りながら数《かぞ》えていました。それから、文吉に向かって尋《たず》ねました。

「兄《にい》ちゃん」

「なんじゃい」

「鯉のぼりはお父さん鯉、お母さん鯉、ほんで（それから）子どもの鯉の三ぴきとちがうんか」

「あほう、これでよいんじゃ、これでのう」

文吉は、首をかしげる弟の疑問《ぎもん》に、ていねいに説明《せつめい》してやろうとしました。

「平吉や、わしんとこの家《うち》はな、全員で六人の家族じゃろうが。そんで（それで）鯉も六ぴきおるんじゃよ」

「……」

「それからのう平吉、もっと、よーお（よく）鯉のぼりの顔を見てみいよ」

「……」

平吉は、兄の言っている説明《せつめい》がよくわかりませんでした。

「おまえわからんのかい。もういっぺん、よーお見てみいや」

文吉は、鯉のぼりの顔に向けて指《ゆび》をさし示《しめ》しながら、じーっと弟を見つめました。

「……あっ」

「そうじゃ、わかったかい。あの鯉のぼりの顔は、わしらあ家族の顔なんじゃよ」

「ほんまじゃ」

「うん、一番上が父《とお》ちゃんの鯉、二番目が母《かあ》ちゃんの鯉、ほんで三番目と四番目がじいちゃんとばあちゃんの鯉なんじゃ」

「わかった。ほんで五番目が兄《にい》ちゃんの鯉で、ほって（そして）一番下の六番目がぼくの鯉なんじゃなあ」

兄の作った鯉のぼりの意味が、ようやく理解できたのか、平吉が嬉《うれ》しそうに答えました。

「そうじゃ、そのとおり。平吉の元気な鯉じゃど」

「うれしいなあ。兄《にい》ちゃん、さぶちゃん、おおきに（ありがとう）。ぼく、むちゃくちゃ嬉《うれ》しいわ」

「……」

文吉は、平吉のその一言《ひとこと》に昨日からのがんばりが報《むく》われた気《き》がして、自分も本当に嬉しくなりました。

「兄《にい》ちゃん」

「なんじゃい」

「一番上に父《とお》ちゃんの鯉があるんは、それは父《とう》ちゃんはもうすぐかえってくるゆうことなんじゃなあ」

「……」

いつもながらの思いもよらない質問《しつもん》をする平吉に、文吉はまたしても次の言葉がすぐに浮んできませんでした。彼は、弟に何か言ってやらねばと、腕を組んで考えました。そして、声を強めて言いました。

「そうじゃど、平吉。父《とお》ちゃんはもうすぐもどってくるんじゃ。そうじゃで（そうだから）、兄《にい》ちゃんは六人の家族を考えて六ぴきの鯉のぼりを作ったんじゃないかい」

文吉は、平吉にそう答えた時、頭の中で何かがピクリと動いたのを感じました。同時に、文吉は、「んっ、そうか」と小さな声をあげていました。それは、自分の心の奥底《おくそこ》に、父は必ず生きて還《かえ》ってくるということを信じていたゆえに、父の鯉のぼりを作っていたことに気付《きづ》いたのです。

「ほんまじゃなあ兄《にい》ちゃん。父《とお》ちゃんの鯉もおしりをピンと跳《は》ね上《あ》げて元気に泳《およ》いどるさかい、絶対にもどってくるわなあ」

「ああ、もどってくる、もどってくるど。父《とお》ちゃんは必《かなら》ずわしらのとこへもどってきてくれるんじゃ」

文吉は、ニワトリ小屋の屋根の上に泳《およ》ぐ六ぴきの鯉のぼりをじっとみつめながら、心から父が生きて還《かえ》ってくることを信じたのです。

父親の哲蔵《てつぞう》は、出征前夜《しゅっせいぜんや》、文吉が「生きてかえらなあかんど」と言った時、「父《とお》ちゃんは絶対《ぜったい》に死にゃせん、必ずおまえたちのとこへもどってくる」と約束《やくそく》してくれていました。文吉は、その約束《やくそく》を、父は必ず守ってくれると今でも信じていたのです。

彼は弟に父が還《かえ》ってくると答えたのですが、その一方で、『しもた』（しまった）と心の中で叫《さけ》んでいました。それは、鯉のぼりを一緒《いっしょ》に見ている三郎が、自分が言った「父」と「家族」という言葉を聞き、戦死した父親のことを想いだしているのではないかと考えたからです。三郎は、今どんな気持ちでいるのだろうかと気を使ったのです。

その時でした。

「ええのう文《ぶん》ちゃん。やっぱし家族ちゅうんは、みんながそろっとるんが一番じゃなあ……うん」

まるで文吉の心の中を見透《みす》かすように、平吉が彼にむかってさらりと言ったのです。

「さぶちゃん、ごめんな。悪かったのう。わし、戦死《せんし》したおっちゃん（おじさん）のことを想い出させてしもたみたいじゃのう（しまったようだなあ）。こらいてくれえよ（ゆるしてくれよ）」

「何言《なにゆ》うんじゃ文ちゃん。そんなことはないど。ちっとも気にせんでもええんじゃ。それよりも、わしはなあ、あの鯉のぼりを見て嬉《うれ》しいんじゃわ」

「ええっ……」

文吉は、三郎の言う「嬉しい」の意味がわからず首をかしげました。

「わしなあ、文《ぶん》ちゃん。文ちゃんが書いたおっちゃんの顔を見て思たんじゃ」

「何をじゃ」

「うん、あれは、わしの父《とお》ちゃんでもあるような気がしたんじゃ」

「……」

「ほんでな（それでな）、その父《とお》ちゃんが、あの文《ぶん》ちゃんのおっちゃんみたいに真剣《しんけん》な顔してわしに言《ゆ》うんじゃ」

「……」

「『平吉、いつまでも泣いとったらあかんど、どんだけ辛《つろ》ても、笑《わろ》おて母《かあ》ちゃんを大事《だいじ》にして生きるんじゃ』ちゅうてのう……なんかようわからんけど、わしにはそう励《はげ》まして

くれとるように思《おも》えてきたんじゃ。家族みんなで助《たす》けおうて（助け合《あ》って）がんばれよって言《ゆ》うとるように見えたんじゃわ」

「そうか、そうかい。さぶちゃんにはそう見えたんかい」

文吉は、三郎は本当にそう見えたのだと心から信《しん》じました。

「見えた。ほんまなんじゃ。嘘《うそ》じゃないど文《ぶん》ちゃん……わしな、あの六ぴきの鯉《こい》が元気ようあがっとるんを見とったら、ほんまにそう思えてきたんじゃ。わしとこかて六人家族じゃもん」

「そうか、さぶちゃん。そう思てくれんたんかいや」

文吉は、にっこりと笑いながら鯉《こい》のぼりをじっと見つめる三郎の顔を見て、この鯉のぼりを作ってよかったと心の底から思いました。そう考えていた時です。

「ばんざーい。ほんまじゃ（本当だ）、ほんまじゃ、屋根より高いぼくとこの鯉のぼりじゃ。ばんざーい、ばんざーい」

突然《とつぜん》、弟の平吉が、ニワトリ小屋の上にたなびく六ぴきの鯉のぼりを見ながら、高く両手をあげて万歳《ばんざい》を繰《く》り返《かえ》し叫《さけ》んだのです。そして、彼は叫びながら、ぴょんぴょんとその小さな身体《からだ》を跳《と》びあがらせていました。両手をおもいっきりあげながら、その身体《からだ》全体に喜びの気持ちを表して、大きく叫《さけ》んでいました。

文吉も平吉の喜ぶその姿を見て、弟に負けないぞとばかりに「ばんざーい」と、両手をあげて叫んでいました。彼も嬉《うれ》しくてたまらなかったのです。

三郎もまた、二人の兄弟に合わせるように、「万歳」と叫びながら手をあげていました。

『父ちゃん、早うもどってきて、平吉に本物《ほんもん》のでっかい鯉のぼりを買《こ》うちゃってな』

そう思った瞬間《しゅんかん》、文吉は、父は必ず生きてもどってくることを強く信じることができたのです。

すでに東山《ひがしやま》の頂《いただき》の上には、太陽が高くのぼっていました。そして、三人の万歳を叫ぶ姿を赤くきらきらと輝《かがや》かせていました。

北風は、益々《ますます》強く吹《ふ》きあがり、六ぴきの鯉のぼりを青空の下《もと》で泳《およ》がせていきました。

それから、三人は平吉を真《ま》ん中《なか》にして、仲良《なかよ》く肩《かた》を組みながら「屋根より高い鯉のぼり」の歌を、村中《むらじゅう》に届《とど》けとばかりの大声で合唱《がっしょう》しました。その元気な歌声は、山からのこだまと混《ま》ざりあいながら、高らかに村里《むらざと》へと響《ひび》いていきました。

文吉たちの父哲蔵《てつぞう》が、彼ら家族のもとに、戦地《せんち》から無事《ぶじ》に生きて還《かえ》ってきたのは、それからおよそ一か月後《ご》のことです。

それは、突然《とつぜん》のことでした。

終戦後《しゅうせんご》、彼は分隊長《ぶんたいちょう》としての責任《せきにん》を問われて、戦勝国《せんしょうこく》である連合国軍《れんごうこくぐん》（アメリカ、イギリス、中国など戦勝国《せんしょうこく》の連合軍）の捕虜《ほりょ》となっていたのです。そして、タイ国に置かれていた捕虜収容所《ほりょしゅうようじょ》で、厳《きび》しい取調《とりしら》べを受けていました。

それは、分隊長としてとった彼の作戦行動《さくせんこうどう》には、戦争犯罪《せんそうはんざい》の疑《うたが》いがあるというものでした。最悪《さいあく》の場合は、死刑《しけい》が宣告《せんこく》されることが予想《よそう》されました。幸《さいわ》いにしてその疑《うたが》いは晴れましたが、依然《いぜん》として建設現場《けんせつげんば》などで労働《ろうどう》することを強制《きょうせい》されていたのです。

その哲蔵の収容が、二年近くの歳月《さいげつ》を経《へ》てようやく解《と》かれました。そして、彼は万感《ばんかん》の思いを抱《いだ》いて、文吉たちが待つ家族のもとへと還《かえ》ることができたのでした。文吉たちの喜びは、言葉に言い表せないほど大きなものでした。

父の哲蔵は、うす汚《よご》れてボロボロに破《やぶ》れた軍服姿《ぐんぷくすがた》のまま、懐《なつ》かしい我《わ》が家《や》の玄関先に立ちつくしていました。文吉は、そのやせ細り髭《ひげ》が伸び放題《ほうだい》の父の姿《すがた》を見た瞬間《しゅんかん》、涙が滝《たき》のようにどーっとあふれ出て止まりませんでした。

「父《とう》ちゃん……」

彼は涙声《なみだごえ》で、その一言《ひとこと》を口にするのがやっとでした。

「文吉か……大《おお》きゅうなったのう」

「……」

何年かぶりに聞く哲蔵のその言葉《ことば》に、彼は涙を手で何度もぬぐいました。そして、くしゃくしゃになった顔をあげて、黙《だま》って父を見つめたのです。

「文吉よ、父《とう》ちゃんは、おまえとの約束《やくそく》を守ったど」

「……」

「わしはのう、出征《しゅっせい》する前に、おまえが言《ゆ》うた『絶対、死んだらあかんで』の言葉を肝《きも》に銘《めい》じとったんじゃ……ほんでのう、どんな危ない目におうても、苦しなっても、絶対に生きて還《かえ》るんじゃと考えて行動できたんじゃ。みんなの所《とこ》へ還《かえ》るんじゃとな」

「……」

「生きて還《かえ》れたんは、おまえの言《ゆ》うた一言《ひとこと》なんじゃ」

彼は、成長した息子《むすこ》をしっかりと抱《だ》きしめながら、その髭面《ひげづら》の顔に満面《まんめん》の笑《え》みを浮かべて大きくうなずきました。

文吉の、「父ちゃんは、必ず生きて還《かえ》る」という長年《ながねん》の思いが、ようやく実現《じつげん》したのです。彼にとって、父が戦争という過酷《かこく》な現実《げんじつ》に立ち向かいながらも、自分との約束《やくそく》であった「いのち（命）」を守《まも》り抜《ぬ》いてくれたことは、何にもかえがたいものでした。それはまた、哲蔵にとって、何度かの幸運もあったからです。

父がわが家《や》にもどったその日、ニワトリ小屋の屋根の上に、文吉が心を込めて作った鯉《こい》のぼりは空に泳《およ》いではいませんでした。しかし、そのにわとり小屋の周囲《しゅうい》には、紫陽花《あじさい》の花の大輪《たいりん》が紫色《むらさき》とうすい紅色《あか》とに染《そ》め上げて、父の生還《せいかん》を心から歓迎《かんげい》するかのように見事《みごと》に咲《さ》きほこっていました。

完

あとがき

＊　この「あとがき」は通常の文体で書きました。それゆえ、中学生の読者にとっては難《むずか》しい内容となりますが、本文を理解するためにもぜひお読みください。

戦後七十六年目となる八月十五日が、またやってきます。

戦争の風化《ふうか》が問われる現在において、「いまさら戦争のことなど」という声があることは、私自身も充分に承知しております。しかしながら、近年の政治の流れを見るかぎり、政府による安全保障《あんぜんほしょう》政策には危惧《きぐ》すべき法制定や政策が多く見受けられます。そしてまた、政治の責任を果たす上で、避《さ》けてはならない「負《ふ》の歴史」に対する真摯《しんし》な反省が見受けられないことも憂慮《ゆうりょ》すべきことです。

日本は、政治による決定によって、侵略戦争《しんりゃくせんそう》を引き起こしたという「負の歴史」があります。それによって、先《さき》のアジア・太平洋戦争においては、日本を含《ふく》むアジアや欧米《おうべい》諸国《しょこく》の人々の数えきれない犠牲《ぎせい》がありました。そのような悲惨《ひさん》で不幸な出来事《できごと》は、決してくり返してはならないことです。それゆえに、戦争という歴史の事実を、何らかの形で後世《こうせい》に伝えていくことには大きな意味があると考えています。

そうした思いから、私自身が少年時代に体験したことや見たり聴《き》いたりした「声」をもとにして、戦争を題材にしたこの「物語」を書きあげました。そして、読者の対象の一つとして、未来をつくる若い人たち、特に中学生（できれば小学高学年児童）を念頭《ねんとう》におきました。学校の授業だけでは学びきれない、戦争が人間とその家族にもたらす実態を知ってほしいとの思いがありました。それゆえに、彼らにも理解できる文体として、「児童書」ともいえる内容で構成しました。もちろん、本書は若い人のみならず、すべての平和を求める多くの方に読んでいただきたいと願っています。

本書では、あえて悲惨《ひさん》な戦闘《せんとう》場面は描《えが》きませんでした。そこで、主人公「文吉《ぶんきち》」少年の母親と祖父《そふ》との聴《き》きがたりの会話を通して、戦争とはどのようなものであったかを表現《ひょうげん》してみました。そして、兵士の苦悩《くのう》だけでなく、彼らを送り出した後《あと》の家族の思いを大切にして描《えが》きました。

当時の時代を考える時、どうしても難《むずか》しい専門用語《せんもんようご》や漢字が出てきます。それでも主人公《しゅじんこう》である小学五年生の気持ちに寄《よ》り添《そ》い、時間をかけて読んでいただければ大変うれしいです。そして、若い読者の方が、戦争と平和について考えてくださることを心より望んでおります。

私は、敗戦直後の生まれゆえに直接の戦争体験はありません。しかしながら、昭和二十年・三十年代にかけての小学生・中学生時代は、戦争そのものを問《と》う多くの「声」が身近《みぢか》にありました。そして、それらの「声」を聴《き》きました。

兵士として戦地から還《かえ》った村の男性や学校の教員からは、実際の戦いがどのようなものであったのかという「声」を聴《き》きました。近所に住む予科練《よかれん》（海軍飛行予科練習生《よかれんしゅうせい》）出身の方からは、人間魚雷《にんげんぎょらい》「回天《かいてん》」特攻《とっこう》隊員としての、死を覚悟《かくご》した心境《しんきょう》を「声」として聴きました。また、息子さんや夫を戦死によって亡《な》くされた家族の方々の、深い悲しみの「声」も聴きました。父親が戦死したという、上級生の辛《つら》い「声」も知りました。それぞれのみなさん方にとっては、戦争がもたらした、言葉に表せないほどの辛くて悲しい「声」であったはずです。

当時、私の父そして同級生のほとんどの父親たちは、兵士として過酷《かこく》な戦場から生還《せいかん》してきた世代です。しかし、残念ながら、私は父の「声」を直接に聴く機会《きかい》をもつことが出来ませんでした。しかし、私が小学生の頃（戦争が終わってからの約一〇年間）、母がフト何かを想い出したかのようにつぶやいていた言葉が脳裏《のうり》に残っています。それは、「戦争さえなかったらのう（なあ）……」という言葉です。

母は、大正《たいしょう》四年（一九一五年）生まれです。それゆえに、同級生を含む同世代の男性たちを戦争で多く亡《な》くしています。「戦争さえなかったらのう……」という「声」の中には、それに関連する多くの悲しい思いがあったのではないでしょうか。それだけではなく、「戦争さえなかったら」もっと幸せな別の人生があったのではという、自分自身のある思いがあったのかもしれません。

また、そこには女性であるがゆえの差別に苦しんだ姿もありました。母にとって、戦前における封建的な時代の風潮《ふうちょう》や慣習《かんしゅう》、そして戦争によって奪《うば》われたものは大きかったのでしょう。それが何であったのか、真実の「声」を子どもの私に語ることはありませんでした。しかし、当時の男性優位という社会状況の中にありながら、女世帯《しょたい》であっても「男まさり」に力強く生きた母でした。それでも、その淋《さび》しそうな顔を見た時、子ども心にもその悲しみ辛《つら》さというものは痛いほどわかりました。それは、私にとっても大変「くやしい」想い出として残っています。

私の母校である小学校校区（旧・河守上村《こうもりかみむら》）からは、満州事変からアジア・太平洋戦争終結までの十五年間で、兵士として二五五名が動員されました。そして、戦死者は一二七名（内、一九三七年の日中戦争以後だけで一一九名）を数えます。その比率は、四九・八パーセントの高率です（以上の数字は、『大江町誌《おおえちょうし》』通史編《つうしへん》下巻より、私が独自に統計《とうけい》をとったものです）。所属部隊の派遣《はけん》さきが、当初の中国戦線からその後激戦地《げきせんち》となったフィリピン、ビルマそして沖縄などの各戦線へ変更されたことが起因《きいん》していると推測できます。

しかし、出征《しゅっせい》した二人に一人の方が戦死され、再び故郷《ふるさと》の土を踏《ふ》めなかったという、あまりにもむごい現実に言葉がありません。そればかりではありません、戦死した兵士たちにはそれぞれの家族がありました。残された人たちのその悲しみはどれほど大きかったでしょうか。さらに、私の父がそうであったように、生還《せいかん》できた兵士の多くもその身体《からだ》と心に大きな傷《きず》を負っていました。それは、戦争がもたらした残酷《ざんこく》な事実です。

これらの戦争が、当時の日本政府《せいふ》と軍部《ぐんぶ》によって引き起こされた侵略戦争《しんりゃくせんそう》であったことは、すでに学問的にも明らかにされています。その戦争において無謀《むぼう》な作戦計画の代表の一つがインパール作戦です。それは、インド東部《とうぶ》とビルマ（現在のミャンマー）の国境付近における英印軍《えいいんぐん》（イギリスとインドの連合軍《れんごうぐん》）との戦いでした（巻頭《かんとう》の地図を参照《さんしょう》してください）。この戦いは、後《のち》に「白骨街道《はっこつかいどう》」と呼ばれたように、多数の日本人将兵《しょうへい》が犠牲《ぎせい》となり、他国の山野《さんや》に斃《たお》れました。その中に、日本側の攻撃部隊であった第十五軍傘下《さんか》に、京都で編成された部隊（第十五師団《じゅうごしだん》）も含まれていました。

戦後五十年目となる一九九五年の夏、私はビルマを慰霊《いれい》と戦跡調査《せんせきちょうさ》のために、約三週間に渡《わた》って単身《たんしん》で訪《おとず》れました。それは、インパール戦で第十五師団がたどった道を旅するためでした。当時は軍事政権の時代でしたので、現国家顧問《こっかこもん》のアウンサンスーチーさんが軟禁《なんきん》されていたという厳《きび》しく不安定な国内状況でした。それゆえ、多くの制約がある困難な旅となりました。

ビルマでの旅は、その戦跡地《せんせきち》に残る日本軍の悲惨《ひさん》な戦いの一端《いったん》を知ることができました。さらに、現地の人々の温かい好意《こうい》を受け、インパール戦に関する貴重《きちょう》な話を聴《き》くこともできました。

ビルマ訪問への直接のきっかけは、私の故郷《ふるさと》である小さな村からも、近所の二名の若者がインパール戦にて戦死《せんし》されていたことにあります。その一人は、私が子どものころからお世話になっていたS家の「おっちゃん」（故人《こじん》）の御《ご》長男（享年《きょうねん》二十二歳、第十五師《し》団《だん》第六〇聯隊《ろくじゅうれんたい》所属）です。アラカン山系《さんけい》（ビルマとインドの国境となる二〇〇〇メートル級の山々）のジャングル内に臨時《りんじ》に設置された「野戦《やせん》病院」（緬甸國《ビルマこく》第百五兵站《へいたん》病院）

にて戦病死《せんびょうし》されました。その情報《じょうほう》は、与謝郡野田川町《よさぐんのだがわちょう》（京都府）在住であった元第六〇聯隊《れんたい》所属の坂根藤太郎《さかねとうたろう》氏（元軍曹《ぐんそう》・故人《こじん》）から、近年、私あての手紙にて初めて知ることになりました。

また、私は少年期、多くのよき師《し》に恵まれました。高校一年生の時、英語担当であった荒木盛道《あらきしげみち》先生（故人）が、私の怠惰《たいだ》な姿勢を見て別室に招き入れ、「しっかり生きるんじゃ」と叱咤激励《しったげきれい》してくれたことは忘れられません。

その荒木先生は、インパール戦において、第十五師団第六十七聯隊《ろくじゅうななれんたい》の第四中隊長として部隊を指揮された元陸軍将校《しょうこう》（中尉《ちゅうい》）でした。中隊の先頭に立ってインパール南部の敵陣《てきじん》へ突撃《とつげき》された際（一中隊は、戦時約二百名で編成。突撃時、すでに僅《わず》か八十三名に減員）、敵戦車砲の直撃弾《ちょくげきだん》（あるいは手榴弾《てりゅうだん》）による炸裂破片《さくれつはへん》によって、顔面《がんめん》を負傷し右眼を失明されています。同時に、その突撃によって、僅《わず》かに残っていた配下《はいか》の若き兵士たちの多くを亡《な》くされています。それゆえに、自分の命令によって多くの部下を戦死させる結果となった一方、負傷はしたけれども自《みずか》らは生き残ったという心の負《お》い目《め》に苦しまれたそうです。荒木先生の、その辛《つら》い「声」と「姿」には胸が痛みました。それは、私が戦争を考える一つの契機《けいき》となっています。

このように、戦争は、人間の尊厳《そんげん》を理不尽《りふじん》にそして無慈悲《むじひ》に奪《うば》い取ります。そのようなことが、政治の力によって許されるはずはありません。戦死した兵士たち一人ひとりには、その未来《みらい》へと歩《あゆ》む人生や幸せに生きる権利《けんり》がありました。その生きる権利としての尊《とうと》い生命《いのち》を、戦争は奪《うば》ったのです。

それゆえに、日本は先の戦争による多数の犠牲《ぎせい》を反省して、日本国憲法《にほんこくけんぽう》の前文《ぜんぶん》で「平和のうちに生存《せいぞん》する権利を有することを確認《かくにん》する」と宣言《せんげん》しました。私は、「生命《いのち》を守ることは、平和を守ること」だという思いを強く持っております。

私は本書を通じて、敗戦後の暗い世相《せそう》にありながらも、たくましく健気《けなげ》に生きようとする少年の姿勢の中に、生きることの大切さと、生きていることの喜びを表現したかったのです。

なお、本書の出版に際しまして、日本機関紙出版センターの丸尾忠義様には、編集など多くのご尽力をいただきました。また、私が尊敬する憲法学者であり、平和運動にも貢献されている上田勝美先生には「推薦」の文を書いていただきました。お二人のご厚意とご尽力に、感謝とお礼を申し上げる次第です。

最後になりますが、本書を、今はなき母に謹《つつし》んで捧《ささ》げます。戦後の貧しい生活の中にありながら、私たち兄弟三人を、苦労しつつも女手《おんなで》ひとつで育てあげた気丈夫《きじょうぶ》な母でした。その深い愛情には、「母《かあ》ちゃん、ありがとう」の感謝しかありません。

二〇二一年三月　吉日

柳田文男

（追記）

ミャンマー（旧ビルマ）は、国家顧問アウンサンスーチーさんたちＮＬＤ（国民民主連盟）と国民（民衆《みんしゅう》）の力によって政治の民主化《みんしゅか》が一定前進しました。しかしご存知のように、残念ながらまたしても軍部（国軍）による軍事クーデターが現在勃発《ぼっぱつ》し、以前のような政治支配が行われようとしています。そして、それに無防備で抗議《こうぎ》する人々に対して、武力によって押さえ込みにかかっています。その結果、多くの死傷者《ししょうしゃ》が出ています。自分たち（軍部）の思うままの非民主的な政治を実施して、国民を力で支配することは到底《とうてい》認められません。

日本はインパール戦にみられるように、かつて三年半もの間、ビルマの占領と支配に深く関《かか》わった国です。それゆえに、政府は現在のミャンマーの平和実現のために、世界に向けての中心となる行動を取ることが求められます。そのことは、私たちにも一人ひとりにもいえることです。

私は、ミャンマー民衆《みんしゅう》の平和と平穏《へいおん》な社会を求める力によって、かならず平和な国づくりがなされることを信じています。

【著者紹介】

柳田　文男（やなぎた ふみお）

1947年、京都府加佐郡大江町（現・福知山市大江町）に生まれる。
同志社大学大学院社会学研究科修了。
著書に『分隊長殿、チンドウィン河が見えます　―下級兵士たちのインパール戦―』（2020年、日本機関紙出版センター）、『一九九五年・ビルマ紀行　―京都兵団とインパール戦―』（2015年、私家本）など。

「屋根」より高い鯉のぼり　―父ちゃんは兵士として戦場へ―

2021年8月10日　初版第1刷発行

著　者　柳田文男
発行者　坂手崇保
発行所　日本機関紙出版センター
〒553-0006　大阪市福島区吉野3-2-35
TEL 06-6465-1254　FAX 06-6465-1255
http://kikanshi-book.com/
hon@nike.eonet.ne.jp
本文組版　Third
編集　丸尾忠義
印刷・製本　オフィス泰

ISBN978-4-88900-998-9